AF300153

N'ACHETEZ JAMAIS

UN

APPAREIL PHOTOGRAPHIQUE

SANS CONSULTER D'ABORD LE

Catalogue

DE

CHARLES MENDEL

Fournisseur des Ministères

118 & 118 bis, rue d'Assas

PARIS

—

LE DEMANDER

FENIMORE COOPER

A

Bord et à Terre

TOME SECOND

20 CENTIMES

PARIS

A.-L. GUYOT, Éditeur

12, Rue Paul Lelong, 12

FENIMORE COOPER

A BORD ET A TERRE

TOME SECOND

PARIS

A.-L. GUYOT, ÉDITEUR

12, rue Paul-Lelong

A BORD ET A TERRE

(SUITE)

CHAPITRE X

Pauvre Grace !

J'arrivai à bord du *Wallingford* avant onze heures et je donnai ordre d'appareiller sur-le-champ. Malgré notre diligence, nous n'entrâmes dans la crique qu'à huit heures du matin, le second jour.

Dès que le bâtiment fut près de la rive, je m'élançai à terre et je gravis la colline. Du haut du chemin, j'aperçus mon tuteur qui accourait à ma rencontre, une lettre qu'il avait reçue directement de New-York lui ayant appris mon arrivée. Il me tendit les bras, m'embrassa avec la même effusion qu'au temps jadis.

— Soyez le bienvenu, mon cher enfant, mille fois le bienvenu ! s'écria-t-il du plus loin qu'il m'aperçut. Ah ! Miles, quand donc viendra le temps où Clawbonny suffira à votre ambition ? Vous avez déjà autant d'argent qu'il vous en faut. Une fortune plus grande contribuera-t-elle au bonheur ?

— Quoi qu'il en soit, mon cher monsieur, répondis-je, tout en déplorant la perte de votre respectable parente, j'ai à vous féliciter de voir rentrer dans votre famille des biens qui avaient appartenu à vos ancêtres. C'est à ce titre surtout qu'ils doivent vous être chers.

— Sans doute, mon ami, et j'espère que ces richesses ne nous empêcheront pas de rester d'aussi fidèles serviteurs de Dieu qu'auparavant. Toutefois, les biens ne sont pas à moi, mais à Lucie. Avec vous je puis tout dire, quoique Rupert m'ait fait entendre qu'il serait prudent de ne pas faire connaître le véritable état des choses, pour éviter que tous les coureurs de fortune ne viennent tourner autour d'elle, et il est d'avis que nous laissions croire que la fortune doit être partagée entre nous. Vous entendez bien que je ne dirai jamais une chose pareille ; mais on peut se taire pendant quelque temps. En tout cas, ce n'est pas avec vous que je ferai jamais le moindre mystère, et j'aime mieux vous dire sur-le-champ tout ce qu'il en est. Je suis exécuteur testamentaire, et j'ai tant de calculs à faire, de comptes à arrêter, de signatures à donner, que ma pauvre tête a peine à s'occuper des devoirs de mon saint ministère. Savez-vous que je tremble de tomber dans l'égoïsme, mon bon Miles ? j'en tremble véritablement.

— Rassurez-vous, mon cher monsieur, je vous réponds de vous-même... Mais Grace, vous ne m'en parlez pas !

M. Hardinge changea tout à coup de figure. L'expression de joie qui l'animait fit place à un air d'abattement et de mélancolie.

— Ah ! Grace, répondit-il en hésitant, elle est ici, la chère enfant, toute seule, et elle n'a plus sa gaieté ni ses couleurs d'autrefois. C'est pour elle aussi que je suis charmé de votre retour. Je crains qu'elle ne soit pas bien ; il y a plus d'une semaine que je veux envoyer chercher un médecin ; mais elle s'y refuse obstinément en disant que cela n'est pas nécessaire. Lorsque je la regarde, sa beauté a un caractère qui m'effraye malgré moi, Miles. Vous connaissez Grace : elle a toujours paru appartenir au ciel plus qu'à la terre ; maintenant je crois toujours voir un séraphin qui pleure sur les péchés des hommes.

— Je crains bien que Rupert n'ait raison, et que Grace ne soit sérieusement malade,

— J'espère que non, mon enfant. Elle n'est pas à son ordinaire, il est vrai ; mais son esprit, ses pensées, toutes ses affections, si je puis dire, sont tournées vers le ciel. Il semble que la grâce ait opéré en elle d'une manière toute particulière. Elle ne lit plus que des livres de dévotion ; elle médite, et je suis sûr qu'elle est en prières, du matin au soir. Voilà pourquoi elle s'est retirée du monde, et elle refuse toutes les invitations de Lucie. Vous savez à quel point elles s'aiment ; eh bien ! cependant, toutes les instances sont inutiles : Grace ne veut pas aller à New-York, bien qu'elle sache que Lucie ne peut pas venir ici.

Je comprenais tout, à présent. Un poids comme celui d'une montagne me tomba sur le cœur, et je marchai quelque temps en silence. Chaque parole de mon tuteur résonnait comme un glas funèbre à mes oreilles. J'aimais tant ma sœur !

— Et Grace, m'attend-elle, à présent ? m'aventurai-je à dire enfin, quoique ma voix tremblât à un tel point que M. Hardinge, si peu clairvoyant qu'il fût, s'en aperçut lui-même.

— Oui, sans doute, et cette nouvelle lui a fait le plus grand plaisir. La seule chose de ce monde à laquelle elle ait paru prendre intérêt depuis quelque temps, c'est à votre prompt retour. Vous êtes, Miles, ce que Grace aime le plus au monde, après Dieu !

Combien j'aurais voulu qu'il dît vrai ! mais, hélas ! je savais trop bien qu'il n'en était rien.

— Je vois que vous êtes tourmenté, mon cher enfant, reprit M. Hardinge. Il ne faut pas vous exagérer les choses par rapport à votre sœur. Elle n'est pas bien sans doute; mais son mal n'est nullement physique. Elle m'assurait, il n'y a qu'une heure, que, si le sloop vous ramenait auprès de nous, elle serait heureuse.

Il se serait agi de ma vie, que je n'aurais pu continuer la conversation sur ce sujet pénible; je ne répondis rien. Comme nous avions encore beaucoup de chemin à faire, je cherchai à changer de sujet; autrement je sentais que mes jambes allaient fléchir sous moi, et que je serais obligé de m'asseoir pour pleurer au milieu de la route.

— Lucie doit-elle venir à Clawbonny cet été ? demandai-je, quoiqu'il me parût étrange de supposer que la ferme ne fût pas la demeure ordinaire de Lucie.

— Je l'espère, quoique de nouveaux devoirs ne la laissent pas aussi maîtresse de ses actions que je le voudrais. Vous n'avez pas manqué de la voir ainsi que son frère, Miles, n'est-ce pas?

— J'ai rencontré Rupert dans la rue, monsieur, et j'ai eu une courte entrevue avec les Mertons et avec Lucie au spectacle. Le jeune M. Drewett était de la partie avec sa mère.

Le bon ministre me regarda en face.

— Que pensez-vous du jeune homme ? me

demanda-t-il **d'un** air de confidence, et sans voir qu'il m'enfonçait un couteau dans le cœur... Eh bien, approuvez-vous ?

— Je crois vous comprendre, monsieur, vous voulez me faire entendre que M. Drewett se met sur les rangs pour obtenir la main de miss Hardinge ?

— Je ne m'en ouvrirais pas même avec vous, Miles, si Drewett ne le disait pas lui-même à qui veut l'entendre.

— Sans doute dans la vue d'écarter les autres prétendants, dis-je avec un sentiment d'amertume dont je ne fus pas maître.

M. Hardinge eût été le dernier homme du monde à soupçonner le mal. Il parut surpris, et même un peu fâché de ma remarque.

— Voilà qui n'est pas bien, mon garçon, dit-il d'un ton grave. Il faut toujours tâcher d'attribuer les meilleures intentions à nos semblables. N'est-il donc pas **tout** naturel que Drewett cherche à s'assurer **la** main de Lucie ? et tant qu'il n'emploie pas de moyens moins avouables que d'exprimer hautement son attachement, je ne vois pas trop comment nous pourrions nous en plaindre.

J'avais eu tort ; je méritais cette leçon, et je me hâtai d'ajouter, pour atténuer ma faute :

— Ma remarque était déplacée, monsieur, je le sens, d'autant **plus** que les attentions de

M. Drewett sont antérieures à la mort de mistress Bradfort, et que, par conséquent, on ne peut leur supposer aucun motif intéressé.

— Rien de plus vrai ; et votre observation est pleine de justesse. A vous qui avez connu Lucie depuis l'enfance, et qui avez pour elle l'amitié d'un frère, il peut paraître étrange que Lucie inspire par elle-même une passion vive et durable ; mais je puis vous assurer qu'elle est vraiment charmante, comme nous savons tous que c'est une excellente fille.

— A qui le dites-vous, monsieur, et qui peut en être plus convaincu que moi ?

Et soudain, je me mis à parler de la ferme, à entrer dans des détails qui semblaient de nature à m'inspirer un intérêt que j'étais bien loin de ressentir. M. Hardinge, de son côté, me fit quelques questions sur mon dernier voyage, et j'eus le temps de rassembler assez de forces pour pouvoir me trouver en présence de Grace avec quelque apparence de fermeté.

Dès que M. Hardinge fut à peu de distance de la maison, il fit un signal convenu d'avance, qui devait apprendre mon arrivée. Aussi, quand j'approchai, tous les nègres étaient rangés sur la pelouse, devant la porte, et il me fallut serrer la main à chacun d'eux, au milieu de bruyants éclats de rire, qui étaient leur manière de manifester leur joie. Dieu sait combien de : — bonjour, maître ! soyez le bienvenu ! — il me fallut entendre. Et puis c'étaient des questions à n'en plus finir sur Neb, sur ce qu'il n'était pas là, etc. Puis de nouvelles exclamations de joie quand on apprit qu'il me suivait avec les bagages.

Mais Grace m'attendait, je fendis la foule, et j'entrai dans la maison. A la porte, je trouvai Chloé, jeune négresse à peu près de l'âge de ma sœur, sorte de demi-cousine de Neb, qui avait été promue depuis quelques années à des fonctions assez analogues à celles de femme de chambre. Chloé m'accueillit avec son plus doux sourire, me fit sa plus belle révérence, et parut ravie, comme tous les autres esclaves, de revoir son jeune maître.

— J'espère vous porter bien, da, maître ? dit Chloé, qui mettait un certaine prétention dans son langage, depuis qu'elle avait été élevée en dignité.

— Très bien, ma fille, et je suis charmé de te voir si bonne mine. Tu deviens vraiment jolie, Chloé.

— Oh ! maître toujours rire... rester maintenant ici longtemps, da ?

— Je crains que non, Chloé ; mais qui sait, après tout ?... Où est ma sœur ?

— Miss Grace m'avoir envoyée ici, maître,

dire à vous elle être dans la salle de famille. Elle attendre depuis quelque temps, da.

— Merci, Chloé. Veillez à ce que personne ne nous interrompe. Il y a près d'un an que je n'ai vu ma sœur.

— Bien sûr, da !

Alors Chloé, dont la figure luisait comme une bouteille qu'on eût trempé dans l'eau, montra ses belles dents en se fendant la bouche d'une oreille à l'autre dans un accès de fou rire ; puis elle parut toute sotte ; puis elle reprit son sérieux ; puis enfin son secret s'échappa de son cœur, avec cette voix mélodieuse d'une négresse qui ne sait si elle doit rire ou pleurer :

— Et Neb, maître ? où lui être à présent, le gars ?

— Il vous embrassera dans dix minutes, Chloé ; ainsi, tenez-vous bien.

— Oh ! que nenni, miss Grace m'apprendre mieux que ça.

Je ne restai pas pour en entendre davantage, et je me dirigeai vers la pièce triangulaire, d'un pas si précipité et en même temps si tremblant que, quand j'arrivai, mon agitation me permit à peine de trouver la serrure. Je m'arrêtai un moment pour me remettre, persuadé que, dès que j'ouvrirais la porte, ma sœur se précipiterait dans mes bras.

J'ouvris... un silence de mort régnait dans l'appartement, comme si un des corps qu'on y déposait autrefois attendait l'instant d'être transporté à sa dernière demeure. Ma sœur était sur la causeuse, incapable de se lever par suite de son état de faiblesse et d'agitation. Je n'essaierai pas de décrire ce que j'éprouvai à sa vue; j'étais préparé à la trouver changée; mais non pas à lui voir déjà, comme je le sentis à l'instant, un pied dans le tombeau !

Grace étendit les bras, je m'y précipitai, et je m'assis auprès d'elle, la pressant contre mon cœur avec la tendresse d'une mère qui embrasse son enfant. Nous restâmes ainsi pendant plus de cinq minutes sans nous parler, confondant ensemble nos larmes et nos sanglots.

— Que Dieu est bon, mon frère, dit-elle enfin vous m'êtes rendu à temps. Je tremblais que vous n'arrivassiez trop tard.

— Grace, que voulez-vous dire, ma chère, ma bien aimée sœur ? Pourquoi vous trouvé-je ainsi ?

— Faut-il vous le dire, Miles, et ne comprenez-vous pas ?

Je ne lui répondis qu'en lui serrant vivement la main. Je ne comprenais que trop cette déplorable histoire. Ce que j'avais peine à m'expliquer, c'est que Grace eût pu concevoir un attachement si profond pour un être que j'avais toujours connu si vain et si frivole. Je ne savais pas encore jusqu'où va la confiance aveugle de la femme qui aime véritablement, et combien elle se plaît à parer l'objet de son choix de toutes les perfections qu'elle lui voudrait. Dans l'angoisse de mon âme, je murmurai, assez haut pour être entendu : « l'infâme ! »

Grace, qui jusqu'à ce moment était restée penchée sur mon épaule, releva aussitôt la tête. On eût dit un ange du ciel, plutôt qu'une habitante de ce monde pervers. Sa beauté avait quelque chose de surnaturel, et je tremblais de la perdre avant la fin même de notre triste entrevue, tant le lien qui l'attachait encore à la vie semblait faible et fragile. La fièvre qui la minait sourdement donnait à sa physionomie si douce et si suave une sorte de rayonnement divin. Cependant son regard prit une expression de tristesse et de reproche.

— Ce n'est pas bien, mon frère, dit-elle solennellement ; ce n'est point là ce que Dieu commande ; ce n'est point ce que j'attendais de vous, ce que j'ai le droit d'attendre du seul homme qui m'aime sur la terre.

— Et comment voulez-vous que je pardonne au misérable qui vous a si longtemps trompée, ma pauvre sœur, qui nous a trompés tous, et qui maintenant vous abandonne pour une autre, sous l'impulsion d'une sotte vanité?

— Miles, mon bon, mon généreux frère, écoutez-moi, reprit Grace en serrant convulsivement une de mes mains dans les siennes. Toutes pensées de colère, de ressentiment, de fierté même, doivént être mises de côté. C'est à moi que vous en devez le sacrifice, à moi dont la mémoire serait exposée autrement à des imputations odieuses. Si j'avais quelque reproche à me faire, j'accepterais toute espèce de châtiment; mais à coup sûr ce n'est pas un crime si impardonnable de ne pouvoir commander à ses affections, pour que je mérite qu'après ma mort mon nom se trouve mêlé à des bruits injurieux provoqués par une semblable querelle. Et puis songez que vous avez vécu en frères ; songez à l'excellent M. Hardinge, votre tuteur; songez à ma bonne, à ma fidéle Lucie...

— Oui, votre fidèle Lucie qui reste à New-York, quand elle devrait être ici à veiller sur vous !

— Elle ne sait pas mon état, ni ce qui le cause. C'est un secret qui n'est connu que de Dieu et de vous, Miles ; car je savais bien qu'il serait impossible d'abuser votre amitié clairvoyante.

— Et pourquoi l'affection de Lucie n'est-elle pas clairvoyante aussi? n'a-t-elle des yeux que pour ceux qu'elle a appris si récemment à admirer ?

— Vous ne lui rendez pas justice, mon frère. Lucie ne m'a point vue depuis que je suis changée au point de pouvoir à peine me reconnaître moi-même. Une autre fois, je vous raconterai tout. Sachez seulement à présent qu'après avoir eu certaines explications avec Rupert, je suis revenue sur-le-champ ici, et que j'ai toujours caché soigneusement à Lucie le dépérissement de ma santé. Je lui écris toutes les semaines, elle me répond ; tout se passe entre nous comme par le passé. Non, non, ne blâmez pas Lucie, elle qui quitterait tout au monde, j'en suis sûre, pour accourir auprès de moi, si elle savait la vérité. Au contraire, elle pense sans doute qne je préfère être seule en ce moment ; car, malgré tout, il y a des choses qu'elle doit soupçonner... Mais pardon, mon frère, je sens que j'ai trop parlé. Laissez-moi appuyer un peu ma tête sur votre poitrine.

Je restai immobile, tenant ma sœur bien aimée dans mes bras, sans dire un seul mot. Penché sur elle, je pouvais voir de grosses larmes couler le long de ses joues amaigries ; mais elle me serrait de temps en temps la main, comme pour me dire quel bien lui faisait ma présence. Après une douzaine de minutes, la pauvre enfant, épuisée, tomba dans un sommeil agité que je me gardai bien d'interrompre ; j'aurais mieux aimé passer ainsi toute la nuit.

Ce ne fut qu'au bout d'une grande heure que Grace releva la tête.

— Vous voyez, Miles, me dit-elle avec un de ses sourires les plus angéliques ; je suis maintenant aussi faible qu'un enfant, et je donne autant de peine. Il faudra vous y faire ; car c'est vous qui me soignerez, n'est-ce pas ? Mais, mon bon frère, avant de quitter cette chambre, il faut me faire une promesse.

— Ai-je quelque chose à vous refuser ? Et pourtant, Grace, j'y mets d'avance une condition.

— Laquelle ? Je consens à tout, avant même de la connaître.

— Eh bien ! je vous promets de ne point demander compte à Rupert de sa conduite, de ne point le questionner, de ne pas même lui faire de reproches, répondis-je, ajoutant sans cesse à mes promesses, à mesure que je lisais dans les yeux suppliants de Grace qu'elle semblait exiger encore davantage.

Cette dernière promesse parut pourtant la satisfaire pleinement. Elle me baisa la main, et j'y sentis tomber une larme brûlante.

— Maintenant, mon bon frère, nommez votre condition, dit-elle après un peu de temps pris pour se remettre ; quelle qu'elle soit, je l'accepte volontiers.

— C'est de me laisser prendre la direction de votre santé, de me permettre d'appeler un médecin, et de faire venir ici qui bon me semblera.

— Non pas lui du moins, Miles, non pas lui ! vous n'y pouvez songer.

— Non, ma sœur ; sa présence me chasserait de la maison. A cela près, vous consentez ?

Grace fit un signe d'assentiment et retomba sur ma poitrine. Ses forces étaient épuisées. Je soutins encore longtemps la frêle enfant, sans lui parler, et même la forçant au silence. Ce second repos lui fit du bien, et elle finit par me dire qu'elle se sentait en état de regagner sa chambre, et qu'elle désirait se jeter sur son lit jusqu'à l'heure du dîner. J'appelai Chloé, et nous conduisîmes ensemble la chère malade. En traversant les longs corridors, ma sœur appuyée sur mon bras, la tête penchée sur mon épaule, faisait effort pour lever sur moi un regard reconnaissant, et plus d'une fois je sentis la douce pression de sa main, par laquelle elle semblait vouloir m'exprimer toute l'étendue de son affection.

Il me fallut longtemps pour me remettre, après cette entrevue. Je m'enfermai dans ma chambre, pleurant comme un enfant sur la sœur que j'avais laissée si fraîche et si belle, quoique même alors le doute eût commencé à ronger son cœur. Dès que je fus assez calme, je me mis à écrire des lettres.

L'une était pour Marbre. Je lui disais de laisser le second lieutenant veiller au déchargement du bâtiment, et de venir me rejoindre par le retour du sloop. J'avais besoin de lui parler; car je prévoyais que je ne pourrais point faire le prochain voyage, et mon intention était de lui confier les fonctions de capitaine. Nous avions à nous concerter ensemble à ce sujet. Je ne lui cachai pas le motif de cette détermination, mais sans lui faire connaître la cause de la maladie de ma sœur. J'envoyai à Marbre les noms de plusieurs médecins, en lui recommandant de m'amener le premier sur la liste qui serait libre.

Je fus sur le point d'écrire à Lucie, mais j'hésitai. Je savais que je n'avais qu'à lui dire un mot pour qu'elle accourût à Clawbonny. Malgré tout, je ne pouvais douter de son tendre attachement pour notre famille. Quand même elle me préférerait André Drewett, ce n'était pas une raison pour qu'elle fût moins bonne, moins compatissante, moins dévouée à ma sœur. Mais, enfin, c'était la sœur de Rupert; était-ce bien la personne, à ce titre, que Grace devait désirer voir à son chevet? Je résolus de m'en assurer avant d'aller plus loin.

Neb fut appelé, et il reçut l'ordre d'aller dire qu'on tînt *le Wallingford* prêt à mettre à la voile au premier moment. Le sloop ne devait aller que sur son lest, et revenir immédiatement à Clawbonny. Il y avait un médecin célèbre, mais n'exerçant plus, nommé Bard, qui avait une maison de campagne sur l'autre rive de l'Hudson. Je le connaissais de réputation. Je lui écrivis en faisant appel aux bons sentiments de son cœur, et je fis partir Neb sur *la Grace et Lucie* pour lui porter mon message. A peine avais-je terminé ces arrangements, que Chloé vint me dire que ma sœur me demandait.

Je trouvai Grace toujours étendue sur son lit, mais plus forte et évidemment reposée. Pendant un moment, je commençai à croire que mes craintes avaient exagéré le danger, et que je ne perdrais pas ma sœur. Mais quelques minutes d'observation attentive me convainquirent que la première impression était la vraie.

Il y avait six mois que ma pauvre sœur renfermait ses souffrances dans son sein, vivant à la campagne, presque toujours seule; et c'est plus que les constitutions les plus robustes ne peuvent supporter. Cet état de concentration continuelle mine sourdement la santé, et la source de la vie se trouve bientôt tarie. Il semblait que c'était la force qui lui manquait, et que cette frêle constitution allait se dissoudre d'elle-même.

Grace, sans lever la tête, me demanda le récit de mon dernier voyage. Elle parut y prendre un intérêt réel. Le plus doux sourire anima sa figure lorsque je lui racontai mes prouesses, et les aventures de Marbre parurent aussi la distraire agréablement. J'en fus charmé, en ce que j'entrevoyais le moyen de faire quelque diversion à ses peines, en rappelant son attention sur les incidents ordinaires de la vie et en l'entourant des quelques amis qu'elle aimait tendrement. Cette pensée me rappela Lucie et le désir que j'avais de vérifier jusqu'à quel point ma sœur pouvait aimer à l'avoir auprès d'elle.

— Vous m'avez dit, Grace, que vous étiez en correspondance suivie avec Lucie, et que chaque semaine vous vous donniez réciproquement de vos nouvelles?

— Oui, à chaque voyage du *Wallingford*. Si je n'ai pas reçu de lettre aujourd'hui, c'est sans doute parce que le sloop est parti quelques heures plus tôt.

— Je parierais que ces lettres sont remplies de tendres confidences à l'égard de son essaim d'adorateurs, tels qu'André Drewett, par exemple ; et qu'il n'y en a pas une seule qui pourrait m'être montrée ?

Grace me regarda fixement, comme pour reconnaître si j'étais réellement aussi indifférent en faisant cette question que j'affectais de l'être. Alors elle parut réfléchir, tout en passant ses doigts dans les franges de la courte-pointe qui recouvrait le lit.

— Je vois ce que c'est, repris-je avec un sourire forcé ; la question était indiscrète. Un grossier fils de Neptune n'est pas un confident convenable pour les secrets de miss Lucie Hardinge. Peut-être avez-vous raison ; ainsi, n'en parlons plus.

— Vous vous trompez, Miles. Lucie ne m'a pas écrit une ligne que vous ne puissiez lire ; et pour couper court à vos insinuations, je vais vous remettre ses lettres ; vous pouvez les lire toutes, jusqu'à la dernière.

Elle appela Chloé ; elle lui donna les clefs de son secrétaire et lui dit de lui apporter un paquet de papiers qu'elle lui désigna.

— Tenez, Miles, dit-elle en me les remettant. Vous pourrez en avoir parcouru une grande partie avant le dîner. Nous nous reverrons à table ; surtout n'effrayez pas le bon M. Hardinge. Il ne me croit pas sérieusement malade ; pourquoi lui faire inutilement de la peine ?

Je promis de me taire, et je courus me renfermer dans ma chambre avec mon précieux trésor. Avouerai-je ma faiblesse? Dès que je fus seul, je couvris ces chères lettres de baisers. Je commençai par ordre de dates, et je me mis à lire avec avidité.

Il était impossible à Lucie Hardinge d'écrire à une personne qu'elle aimait, sans montrer toute la candeur de son âme et toute sa sensibilité; mais cette correspondance avait un autre charme. Si Lucie ignorait qu'elle écrivît à une malade, elle savait du moins qu'elle écrivait à une recluse. Son but était évidemment de distraire Grace, dont elle ne pouvait ignorer les souffrances morales. Lucie était fine observatrice, et ses lettres étaient remplies de commentaires amusants sur les folies et les travers de New-York. Le trait portait toujours, mais il était dirigé avec tant de délicatesse, la pointe en était si bien émoussée, qu'il ne blessait pas. Les originaux auraient pu entendre la lecture des portraits, sans avoir le droit de se fâcher. C'était l'esprit le plus fin, tempéré par le tact exquis de la femme. Ce talent naturel m'était révélé pour la première fois, Lucie n'ayant jamais eu occasion de le montrer auparavant.

Il était évident, d'après quelques allusions contenues dans les lettres, que Grace n'en avait pas moins été frappée que moi, et qu'elle en avait exprimé sa surprise à son amie. Ce que je remarquai encore, c'est que le nom de Rupert n'était pas prononcé une seule fois dans toutes ces lettres. Elles embrassaient une période de vingt-sept semaines ; et pas la plus petite allusion n'était faite ni à son frère ni à aucun des Mertons. Ce silence était significatif : Lucie savait donc bien pourquoi Grace s'était retirée à Clawbonny.

Et le nom de Miles Wallingford s'y trouvait-il ? pourra demander quelqu'une de mes belles lectrices. Je parcourus avec soin toutes les lettres, et je n'en vis que deux où il ne fût pas question de moi ; encore, en les examinant avec plus d'attention, découvris-je à chacune d'elles un *postscriptum*. Le premier disait : — Je vois par les journaux que Miles est parti pour Malte et qu'il a enfin quitté ces vilains Turcs ; tant mieux : on n'aimerait pas à savoir l'excellent garçon enfermé dans les Sept-Tours, quelque honorable que cela puisse paraître. — L'autre était ainsi conçu : — Le cher Miles est allé à Livourne, me dit mon père, et il doit revenir cet été. Quel bonheur ce sera pour vous de le revoir, ma bonne Grace ! je n'ai pas besoin de vous dire que personne n'y prendra plus de part que mon père et moi.

On lisait donc avec soin les journaux apportés par les divers bâtiments qui arrivaient de toutes les parties du monde, pour se tenir ainsi au courant de tous mes mouvements ! C'était sans doute pour faire plaisir à Grace et pour lui transmettre fidèlement les renseignements qu'on obtenait de cette manière ; en y réfléchissant bien, il n'y avait rien là que de simple et de naturel, et ma vanité n'avait guère à s'en applaudir.

Le nom d'André Drewett revenait aussi fréquemment, mais presque toujours accouplé à celui de sa mère, qui s'était évidemment constituée le *chaperon* régulier de Lucie, surtout pendant le temps du grand deuil. Je lus plusieurs de ces passages avec l'attention la plus scrupuleuse, pour tâcher de découvrir sous quelle impression ils avaient été écrits ; mais l'art le plus scrupuleux n'aurait pas mieux réussi à cacher un secret de ce genre que la simplicité naïve de Lucie.

Le résultat de mes réflexions fut d'écrire à Lucie pour l'engager à venir à Clawbonny ; sans l'alarmer trop, j'en disais assez pour me croire sûr qu'elle partirait à la réception de ma lettre.

CHAPITRE XI

Anxiétés

Je ne vis Grace qu'un moment dans la matinée du lendemain. Depuis quelque temps elle déjeunait toujours dans sa chambre, et dans la courte visite que je lui rendis, je la trouvai si calme que j'en conçus quelque espoir pour l'avenir.

M. Hardinge voulut absolument me rendre à l'instant même ses comptes de tutelle, et je ne voulus pas le contrarier, bien que, si j'eusse été libre, je lui eusse sur-le-champ signé une quittance définitive les yeux fermés.

Il va sans dire que je trouvai les comptes d'une exactitude rigoureuse : les signatures nécessaires furent données, la procuration annulée, et j'entrai en pleine possession de tous mes biens. Une hausse inattendue dans les farines avait élevé mes recettes sur terre à la jolie somme de neuf mille dollars. En réunissant tout l'argent qui était disponible, je me trouvais en possession de trente mille dollars, déduction faite de la valeur de mon bâtiment : c'était un commencement de fortune. Avec quel empressement j'aurais tout donné pour voir Grace rendue à la santé et au bonheur !

Les comptes terminés, je montai à cheval avec M. Hardinge, et je parcourus les terres qui dépendaient de la ferme. Nous passâmes près du petit presbytère, et le bon ministre s'extasia sur les beautés de son ancienne demeure et sur le plaisir qu'il aurait à y retourner; il aimait Clawbonny tout autant qu'autrefois, mais il aimait encore plus son presbytère.

— Je suis né dans cette humble et paisible maison, Miles, me dit-il; j'y ai vécu bien des années, heureux époux, heureux père, et j'espère pouvoir ajouter, gardien fidèle de mon petit troupeau. L'église de Saint-Michel de Clawbonny n'est pas la Trinité de New-York, à coup sûr ; mais on peut y faire son salut tout aussi bien. Que de fervents chrétiens n'ai-je pas vus s'agenouiller devant son modeste autel, et, entre autres, Miles, et parmi les plus fervents, votre mère et votre vénérable aïeule ! J'espère que le jour n'est pas éloigné où j'y verrai encore une autre mistress Miles Wallingford. Mariez-vous jeune, mon garçon, ce sont les mariages les plus heureux, pourvu qu'on ait de quoi vivre.

— Vous ne voudriez pourtant pas que je me

mariasse avant d'avoir trouvé une femme que je puisse aimer véritablement, mon cher monsieur ?

— Dieu m'en préserve, mon enfant ! j'aimerais mieux vous voir garçon toute ma vie. Mais les Etats-Unis renferment assez de femmes qu'un jeune homme comme vous peut et doit même aimer. Je vous en citerais cinquante, moi qui vous parle.

— Certes, monsieur, votre recommandation serait d'un grand poids pour moi. Voyons, je vous prie.

— Volontiers, mon garçon, je ne demande pas mieux. Eh bien, donc, il y a d'abord miss Hervey... vous savez bien miss Catherine Hervey, de New-York, fille qui a d'excellentes qualités et qui vous conviendrait à merveille.

— Oui, mais elle est bien laide; de toutes les personnes qui allaient chez mistress Bradfort, je crois vraiment qu'elle avait la palme sous ce rapport.

— Qu'est-ce que la beauté, Miles ? Ce sont des qualités plus solides que le mari doit rechercher.

— Il me semble que c'est une autre théorie que vous avez mise en pratique; j'ai toujours entendu dire et je me rappelle moi-même que mistress Hardinge était fort bien.

— Il est vrai, répondit le bon ministre avec simplicité; aussi n'entends-je pas dire que la beauté soit une objection. Si Catherine Hervey ne vous sourit pas, que dites-vous de Jeanne Harwood ? Voilà une jolie fille pour vous.

— Très jolie, monsieur, mais pas pour moi. Mais en nommant tant de jeunes personnes, pourquoi ne mentionnez-vous pas votre fille ?

Je dis ces mots avec une sorte de résolution désespérée, tenté par l'occasion et par le cours que la conversation avait pris. A peine étaient-ils prononcés que je me repentis de ma témérité, et j'attendis en tremblant la réponse.

— Lucie ! s'écria M. Hardinge en se tournant tout à coup vers moi et en me regardant fixement de manière à me prouver que la possibilité d'une pareille union se présentait pour la première fois à son esprit. En effet, pourquoi n'auriez-vous pas épousé Lucie ? il n'y a pas la plus légère ombre de parenté entre vous, après tout, quoique je vous aie regardés si longtemps comme frère et sœur. Que n'y avons-nous pensé plus tôt, Miles ! c'eût été une alliance excellente, bien que j'eusse insisté pour vous voir quitter la mer. Lucie a le cœur trop tendre pour être toujours dans l'angoisse pour son mari absent. Je m'étonne que l'idée ne m'en soit pas venue avant qu'il fût trop tard. Un homme habitué comme moi à observer tout ce qui se passe autour de lui, n'avoir pas vu cela !

Les mots « trop tard » résonnèrent à mes oreilles comme l'arrêt du destin ; et si mon vieil ami avait eu le quart du talent d'observation dont il se vantait, il n'eût pas manqué de remarquer mon agitation ; néanmoins je m'étais trop avancé pour ne pas savoir définitivement à quoi m'en tenir, quoi qu'il dût m'en coûter.

— Je suppose, monsieur, que c'est précisément cette circonstance d'avoir été élevés ensemble qui nous a empêchés tous de regarder la chose comme possible. Mais pourquoi dites-vous qu'il est trop tard, mon excellent tuteur, si nous, qui sommes les parties intéressées, nous nous trouvions être d'un avis contraire ?

— Oh ! dans ce cas, rien de plus juste ; mais je crains, Miles, que ce ne soit trop tard pour Lucie.

— Pensez-vous que miss Hardinge ne soit plus libre, et que son cœur soit engagé à M. Drewett ?

— Ce dont je suis certain, mon garçon, c'est que Lucie ne donnera jamais sa main qu'avec son cœur. Quant au fait en lui-même, je n'ai pas de preuve positive ; mais je crois qu'un attachement mutuel existe entre elle et André Drewett.

— Et sur quel fondement, monsieur ? car Lucie

n'est point coquette, et elle n'est point d'un caractère à donner le moindre encouragement à celui qu'elle ne serait point décidée à accepter.

— Je puis vous parler comme à un fils. Comme je vois que Drewett continue ses visites, qu'il est aussi attentif qu'on peut l'être auprès d'une jeune fille aussi scrupuleuse que Lucie sur les convenances, j'en conclus qu'ils sont d'accord. J'ai été plusieurs fois sur le point d'en parler à Lucie, mais comme je veux lui laisser une entière liberté, et qu'au surplus cette alliance n'a rien que de très sortable, je laisse aller les choses. Une circonstance qui me paraît décisive, Miles, c'est que j'ai remarqué qu'elle évite toutes les occasions de se trouver seule avec André, soit dans nos excursions champêtres, soit même ici à la maison.

— Et vous y voyez une preuve d'attachement?

— Une preuve décisive à mes yeux. Mais que vous importe, Miles? Après tout, il ne manque pas de jeunes filles dans le monde.

— Oui, mais il n'y a qu'une Lucie Hardinge! m'écriai-je avec une ardeur qui en disait bien plus que mes paroles.

Mon tuteur arrêta cette fois son cheval pour me regarder, et je vis l'expression d'un profond intérêt se peindre sur son front ordinairement calme et serein. Il commençait à lire dans mon cœur, et je crois qu'il en était effrayé.

— Qui s'y serait jamais attendu ? s'écria-t-il enfin. Est-ce que vous aimez réellement Lucie, mon cher Miles ?

— Plus que ma vie, monsieur ; je baiserais la terre sur laquelle elle a passé ; je l'aime du fond du cœur, et je l'ai aimée, je crois, depuis le moment où j'ai pu sentir ce que c'était qu'aimer !

Une fois le premier aveu fait, tous les sentiments dont j'étais inondé avaient fait irruption, et il m'avait été impossible de les contenir ; mais je ne tardai pas à rougir de ma faiblesse, et je fis prendre les devants à mon cheval pendant que M. Hardinge me suivait en silence.

— Voilà qui me surprend étrangement, Miles, me dit-il enfin quand il m'eut rejoint ; que n'aurais-je pas donné pour avoir su cela il y a deux ans ! Mon cher enfant, je vous plains du fond du cœur ; je puis comprendre ce que ce doit être que d'aimer une fille comme Lucie, sans espérance. Pourquoi ne me l'avoir pas dit plus tôt ? Et pourquoi avoir voulu absolument vous faire marin quand vous aviez de si fortes raisons de rester ici ?

— J'étais jeune alors, monsieur, et je savais à peine moi-même ce qui se passait dans mon cœur. A mon retour à bord de *la Crisis*, je trouvai Lucie lancée dans un monde tellement supérieur à celui dans lequel j'étais né, que c'eût été lui donner une triste preuve de mon attachement que de lui demander de descendre à mon niveau.

— Je vous comprends, Miles, et j'apprécie toute la générosité de votre conduite, quoique je craigne bien que, même alors, il n'eût déjà été trop tard. Il y a un an de cela, et, à cette époque, André Drewett avait dû s'être déclaré. Ce que vous dites des mariages disproportionnés est juste en principe, mon cher ami ; mais je ne puis admettre l'application que vous en faites : je ne vois point qu'il y eût de ligne de démarcation entre Lucie et vous ; vous aviez été élevés ensemble sur le pied d'une égalité parfaite, et après tout c'est le point essentiel.

Il y avait beaucoup de bon sens dans ce que disait M. Hardinge ; je sentais que j'avais écouté l'orgueil plutôt que l'humilité. Convaincu comme je l'étais qu'à présent, en effet, il était trop tard, je cherchai à donner le change sur mes sentiments en affectant une certaine indifférence :

— Après tout, monsieur, dis-je de l'air le plus dégagé qu'il me fut possible de prendre, il faut se faire une raison, et je m'efforcerai dorénavant de jouir du bonheur du marin en aimant mon navire.

Les choses en restèrent là entre M. Hardinge et moi sur ce pénible sujet ; mais il était facile de voir que mes aveux l'avaient attristé, et ce fut un motif pour le bon vieillard de me témoigner encore plus d'affection que par le passé.

Vers midi, *la Grace et Lucie* revint, et Neb m'annonça que le docteur Bard n'était pas chez lui ; il avait laissé ma lettre pour qu'on la lui remît dès que le docteur serait de retour. Il me dit aussi que le vent avait été favorable, et que *le Wallingford* arriverait certainement à New-York le jour même.

Le lendemain était un dimanche, et Grace voulut aller à l'église ; je l'y conduisis dans une voiture très-vieille, mais douce et commode, qui avait appartenu à ma mère. Nous dînâmes au presbytère ; rentré à la maison, j'eus encore un court entretien avec Grace ; je lui parlai de moi, de mes projets pour l'avenir, de tout ce qui me semblait de nature à l'intéresser.

Elle m'écouta avec attention, et en apparence avec plaisir, car elle voyait que c'était un moyen de calmer mes inquiétudes. La conversation se prolongeait, lorsque Chloé vint faire observer à sa maîtresse qu'elle avait déjà dépassé l'heure ordinaire, et je me retirai. La négresse m'éclaira dans le corridor.

— Eh bien, Chloé, lui demandai-je, comment trouves-tu Neb ? Te semble-t-il que ses courses à travers l'Océan lui aient fait du bien ?

— Le gars !

— Oui, c'est un fameux gars, Chloé, je t'en réponds. Sais-tu qu'il n'est pas de meilleur matelot, et qu'à bord du bâtiment Neb est aussi utile que le grand mât.

A cet éloge de son amant, Chloé, hors d'elle-même, poussa son rire perçant si caractéristique, puis elle dit encore une fois : « Le gars ! » me tira sa révérence en disant : « Bonne nuit, maître ! » et me laissa.

Le lendemain était pour moi un jour de grande anxiété. Je me levai avant le jour, et je n'eus rien de plus pressé que d'examiner la direction du vent ; il était sud, comme il l'est presque toujours au milieu de l'été. J'envoyai Neb à la Pointe, pour qu'il vît s'il n'apercevrait point *le Wallingford ;* mais bientôt, ne pouvant modérer mon impatience, je montai moi-même à cheval, et je me dirigeai du même côté. Du plus loin qu'il m'aperçut, Neb accourut vers moi, et il me montra, à travers les feuilles qui ombrageaient la rive, le haut d'une mâture que je ne pouvais méconnaître.

Enfin le sloop approcha, et je distinguai sur le pont un homme de moyen âge, grand, mince, ayant l'air très respectable. Je présumai que c'était un des médecins que j'attendais, et je ne me trompais pas ; c'était en effet le docteur Post, un des docteurs les plus habiles de New-York. Je m'empressai de le saluer ; mais, avant que j'eusse eu le temps de descendre de cheval pour le recevoir, Marbre s'élança à terre et me secoua cordialement la main.

— Me voici, Miles, mon garçon, s'écria mon lieutenant, qui, en dehors du service, me traitait, comme je l'en avais prié, avec son ancienne familiarité... me voici, et plus loin de l'eau salée que je ne me suis vu depuis vingt-cinq ans. Voici donc ce fameux Clawbonny ! Je ne dirai pas grand'chose du port, il ne contient qu'une seule embarcation, et c'est déjà plus qu'il ne lui en faut ; mais, au dehors, la rivière est gentille, pour une rivière. Savez-vous bien, mon ami, que pendant toute la route, j'avais une peur infernale d'être jeté à la côte à droite ou à gauche ? C'est trop d'avoir la terre en même temps des deux côtés ; il ne faut pas prodiguer les bonnes choses... Qu'est-ce que je vois donc là-bas, contre la colline, avec cette grande manivelle qui tourne dans l'eau ?

— C'est un moulin, mon ami ; et cette roue est celle qui, comme je vous l'ai raconté, a causé la mort de mon pauvre père.

Marbre regarda tristement la roue, me serra la main, comme pour s'excuser de m'avoir rappelé un événement aussi pénible.

— Ce monsieur qui est sur le gaillard d'arrière, lui demandai-je, est sans doute le médecin que j'ai envoyé chercher ?

— Oui, oui, quelque chose d'approchant, à ce que je crois, car j'ai tellement généralisé sur cette rivière en venant ici, et sur la manière de gouverner cette coquille de noix, que je n'ai guère eu le temps de lui parler. Je fais toujours plus volontiers ma cour au cuisinier qu'au chirurgien. Mais, à propos, Miles, nous avons une beauté dans la chambre de l'arrière, mon garçon.

— Ce doit être Lucie.

Et, sans m'occuper du docteur, d'un bond j'étais à la porte de la chambre.

C'était Lucie, en effet, accompagnée d'une négresse d'un certain âge. Nous nous prîmes la main sans rien dire, et je compris, aux regards inquiets de ma compagne, qu'elle n'osait m'interroger.

— Je crois vraiment qu'elle est mieux, lui dis-je, et, à coup sûr, depuis un jour ou deux elle a repris un peu d'enjouement. Hier elle a été deux fois à l'église, et ce matin, pour la première fois, elle a déjeuné avec moi.

— Dieu soit loué ! s'écria Lucie avec ferveur.

Elle s'assit alors, et sa douleur se soulagea par des larmes abondantes. Je lui dis que je viendrais la chercher dans un instant, et j'allai saluer le docteur. Son air calme et réfléchi me donna une confiance que je n'avais pas éprouvée depuis plusieurs jours, et je commençai à espérer réellement qu'il pourrait être encore au pouvoir de son art de sauver ma pauvre sœur.

Nos dispositions pour quitter le sloop furent bientôt faites, et nous gravîmes la colline, Lucie s'appuyant sur mon bras. La voiture nous attendait sur la hauteur ; je décidai Marbre et le docteur à y monter, mais Lucie préféra marcher ; et nous partîmes, bras dessus, bras dessous, ayant plus d'un mille à faire en tête-à-tête. Combien, dans tout autre moment, une pareille circonstance m'aurait rendu heureux ; mais, dans la position où je me trouvais, je n'en éprouvai que plus d'embarras et de contrainte. Lucie, au contraire, toujours franche et n'ayant rien à cacher, me parla bientôt avec son abandon ordinaire.

— Voici donc mon cher Clawbonny ! Que les plaines sont belles, que les bois sont frais, que les fleurs ont de parfum ! Oh ! Miles, un jour ici vaut toute une année à la ville !

— Pourquoi donc y restez-vous si longtemps, vous qui êtes maîtresse de vos actions, quand vous savez combien nous serions tous heureux de vous voir ici ?

— Pouvais-je en être sûre? Si je l'avais cru, rien n'aurait pu me décider à laisser Grace toute seule depuis six mois.

— Et vous en doutiez! Vous doutiez de moi, Lucie!

— Non, pas de vous... je ne pensais pas à vous, Miles, répondit Lucie avec le plus grand calme, mais à Grace.

— Et pourquoi Lucie Hardinge en est-elle venue à douter ainsi d'une amie d'enfance qui était presque une sœur?

— Presque une sœur, Miles? Que ne donnerais-je pas pour pouvoir vous parler à cœur ouvert, comme dans notre enfance!

— Et qui vous en empêche? vous n'avez qu'à parler, je vous écoute, et je vous répondrai avec une entière sincérité.

— Il y a un obstacle, Miles, un grand obstacle; et je n'ai pas besoin de vous le nommer.

Voudrait-elle faire allusion à André Drewett? pensai-je en moi-même. Aurait-elle quelque regret de s'être trop avancée de ce côté; aurait-elle fait quelque nouvelle découverte dans son cœur? J'étais bien décidé à ne pas rester longtemps dans le doute.

— Quel est cet obstacle, Lucie? dis-je solennellement. J'ose implorer de vous une entière franchise; une parole de vous, dite avec votre ancienne sincérité, peut combler l'abîme qui semble s'être ouvert de plus en plus entre nous depuis deux ans.

— Cette séparation dont vous parlez m'a été tout aussi pénible qu'à vous-même, Miles, répondit la chère enfant avec sa simplicité ordinaire, et je me confierai, sans réserve, à votre générosité. Pour vous faire comprendre ce que je veux dire, ne suffit-il pas de vous avoir nommé Rupert ?

— Comment, Lucie ? expliquez-vous ; point de réticence entre nous.

La main de Lucie était sur mon bras, et elle avait ôté son gant à cause de la chaleur. Je sentis une douce pression, pendant qu'elle ajoutait :

— Vous devez avoir, vous avez trop d'affection et de reconnaissance pour mon père, trop d'estime pour moi, pour oublier jamais que Rupert et vous, vous avez vécu en frères.

— Grace a déjà ma parole à ce sujet ; je ne me conduirai pas avec lui, dans cette affaire, suivant les principes du monde.

Lucie poussa un long soupir, comme si elle reprenait haleine, et je vis ses yeux fixés sur les miens avec une expression ineffable de gratitude.

— C'est tout ce que je demande, tout ce que je puis désirer, Miles ; et je vous remercie de m'avoir tranquillisée sur ce point. Maintenant je suis prête à vous parler franchement; néanmoins, si j'avais vu Grace...

— Ne craignez point de trahir son secret; je sais tout. Oui, c'est cet amour déçu pour Rupert qui l'a réduite à l'état où elle est. Si nous avions été ici l'un ou l'autre, peut-être le mal n'aurait-il pas fait autant de progrès.

— Il y a longtemps que je redoutais ce malheur, reprit Lucie d'un ton lent et mesuré. Je crois que vous ne connaissez pas Grace aussi bien que moi. Toutes les impressions qu'elle reçoit, toutes les sensations qu'elle éprouve réagissent sur cette organisation si délicate; notre présence n'y eût rien fait, je le crains bien. C'est une épreuve terrible, et il n'est pas impossible qu'à force de tendresse et de soins nous parvenions à l'en faire sortir heureusement. Maintenant que nous avons un médecin habile, il faut nous ouvrir à lui, et ne lui rien cacher.

— Je voulais vous consulter à ce sujet. Il est si pénible d'exposer au grand jour les pensées les plus intimes de Grace !

— Il n'est pas nécessaire d'aller jusque-là peut-être; mais ce qu'il faut que le docteur sache, c'est que le cœur est le siège de la maladie, et que c'est lui qu'il faut songer à guérir... Mais, Miles, ne parlons plus de cela. J'ai besoin de me recueillir un peu avant de voir Grace. Mainte-

nant que nous nous retrouvons à Clawbonny,
notre ancienne intimité ne peut tarder à renaître.

Ces paroles furent dites avec tant de douceur
que j'aurais baisé la trace de ses pas, et avec
tant de simplicité en même temps qu'il était
impossible d'y donner une fausse interprétation.
La conversation changea, et nous nous mîmes à
causer du passé. Lucie parla de la mort de sa
cousine, racontant mille petits incidents pour
montrer combien mistress Bradfort lui était attachée, et quelle excellente dame c'était; mais pas
un mot ne fut dit du testament. Je dus, à mon
tour, achever le récit de mon dernier voyage,
que je n'avais pu compléter au spectacle.

Quand Lucie apprit que le rude marin qui se
trouvait à bord du sloop était Marbre, elle re-
gretta vivement de ne l'avoir pas su, et d'avoir
manqué cette occasion de faire sa connaissance.
Le nom de Rupert ne fut pas prononcé une seule
fois entre nous; et, lorsque nous arrivâmes à la
maison, il me sembla qu'un sentiment assez semblable à l'intérêt que je lui avais inspiré autrefois s'était réveillé dans le cœur de Lucie.

Chloé l'attendait à la porte, pour lui dire que
miss Grace désirait voir miss Lucie seule. Je redoutais cette entrevue, et j'aurais voulu y assis-
ter ; mais Lucie me dit de me fier à elle, et il fallut céder.

Pendant qu'elle se rendait chez ma sœur, je cherchai le docteur et j'eus avec lui une courte conférence. Je lui dis que Grace était restée beaucoup trop seule, que la douleur l'avait minée sourdement, et je lui donnai à entendre que des peines morales étaient la cause première de sa maladie. Post était un homme froid, réservé, qui ne disait rien avant d'avoir vu son malade, mais qui observait tout, faisait son profit de tout, et, tant que je parlai, son œil perçant resta fixé sur ma figure.

Il se passa plus d'une heure avant que Lucie reparût. Rien qu'à la voir, il était facile de reconnaître qu'elle avait éprouvé la plus vive émotion, et qu'elle ne s'était pas attendue encore à trouver Grace dans un pareil état. Ce n'était pas que la maladie, sous aucune de ses formes connues, fût très apparente ; mais ma sœur, toujours si délicate, avait alors un teint si transparent, une expression si céleste dans les yeux, et quelque chose de si impalpable en quelque sorte dans toute sa personne, qu'on eût dit qu'elle appartenait déjà à un autre monde.

Le docteur retourna avec Lucie à la chambre de ma sœur, où il resta près d'une heure, aussi longtemps, me dit-il, qu'il crut pouvoir le faire sans fatiguer la malade. Il fut très réservé dans ce qu'il nous dit. Il prescrivit certains toniques,

nous recommanda de chercher à **distraire douce**-
ment ma sœur des idées qui l'occupaient péni-
blement. Il était aussi d'avis qu'un changement
de lieu pourrait être favorable, si on pouvait le
faire sans trop de fatigue.

Je proposai aussitôt *le Wallinford* ; c'était un
sloop d'une petite dimension, il est vrai ; mais
il avait deux chambres très convenables, dont
l'une avait été construite par mon père pour les
voyages que ma mère faisait quelquefois à New-
York. Dans cette saison de l'année, le sloop **ne**
faisait guère que transporter de la farine au
marché, et rapporter du blé. Dans l'automne, il
portait du bois et les produits du voisinage. Il
n'y avait aucun inconvénient à ce qu'il chômât
pendant quelques jours. Le docteur Post approuva
cette idée, disant qu'il ne pouvait y avoir d'objection que la dépense, mais que, si cette considération ne m'arrêtait pas, il était impossible
d'adopter un meilleur plan.

Le soir, le projet fut discuté en famille. M. Hardinge était venu du presbytère pour se joindre à
nous. Il n'y eut qu'une voix pour dire qu'il fallait tenter ce moyen ; cela valait bien mieux que
de laisser Grace dépérir dans la solitude de Clawbonny.

— J'ai aux Sources un malade qui demande à
me voir, dit le docteur Post, et, à vous parler

vrai, je ne serais pas fâché de prendre moi-
même les eaux pendant une huitaine. Condui-
sez-moi à Albany, vous me mettrez à terre, et
ensuite vous continuerez votre excursion tant
que vous voudrez et que les forces de miss Wallingford le permettront.

Ce plan nous parut parfait à tous; Grace elle-
même sourit en l'entendant développer, et se remit entièrement entre nos mains. Il ne s'agissait
donc plus que de le mettre à exécution.

CHAPITRE XII

Plongeons dans l'eau douce

Le lendemain matin, je m'occupai activement
des préparatifs. Marbre fut invité à être de la
partie, sa présence n'étant pas nécessaire de
quelques jours à bord de *l'Aurore*. Le patron
régulier eut sa liberté, et nous ne gardâmes de
l'équipage que le pilote, qui était indispensable.
Neb et trois des nègres de Clawbonny furent
charmés d'être choisis pour cette excursion. Au

surplus, Marbre, Neb et moi, nous suffisions amplement pour le service de l'embarcation. Mais nous n'entendions pas perdre nos forces, et il nous fallait une cuisinière. Clawbonny nous la fournit dans la personne de la vieille Didon.

Vers midi, tout était prêt pour le départ. Grace fut conduite en voiture jusqu'au lieu de l'embarquement, et alors elle monta à bord, soutenue par Lucie et par moi. Chloé, à sa grande satisfaction, eut la permission de venir avec nous. Combien de fois dans la journée son exclamation favorite de : « le gars ! » s'échappa de ses lèvres, quand elle voyait les prouesses de Neb dans les manœuvres du bâtiment ! Je ne savais comment expliquer le surcroît d'activité vraiment inconcevable que déployait le nègre, et je l'attribuais dans le premier moment à la présence de Grace ; mais je reconnus ensuite que Chloé y était pour beaucoup.

Dès que tout le monde fut à bord, on leva l'ancre. Le foc fut mis en place, et, sous cette légère voilure, nous sortîmes lentement de la crique par une jolie brise du sud. Après avoir doublé la pointe, *le Wallingford* mollit les écoutes, établit une bonnette et un hunier, et se mit à remonter l'Hudson, en se dirigeant vers les Sources.

Il y avait de nombreuses voiles en vue quand *le Wallingford* entra dans l'Hudson, les unes descendant le fleuve à la faveur du jusant, et les autres le remontant comme nous. Une demi-douzaine de ces embarcations nous touchaient presque, et sur le pont de presque toutes celles qui se dirigeaient vers le nord se trouvaient des dames qui se rendaient évidemment aux Sources. Je dis à Marbre d'en passer aussi près que possible, afin de distraire ma pauvre sœur en appelant son attention sur les passagers que nous avions autour de nous.

Le lecteur comprendra sans peine que *le Wallingford*, construit sous la direction d'un vieux marin, et pour son usage personnel, était un fier voilier. Aussi Marbre, pour se conformer à mes désirs, n'eut-il pas de peine à rejoindre un sloop dont les ponts étaient couverts de passagers qui semblaient appartenir à l'élite de la société, tandis que sur le gaillard d'avant il y avait un équipage et des chevaux.

Il y avait longtemps que je ne m'étais senti si heureux; Grace me semblait mieux; elle était évidemment plus calme et moins nerveuse, et c'était un grand point. Lucie, animée par le spectacle mobile qui se déroulait devant elle, avait des couleurs charmantes, et elle ne tournait jamais les yeux de mon côté qu'avec une expression de confiance et de bonté, où se peignait sinon l'amour, du moins la plus sincère amitié, tandis que chaque regard, chaque geste, chaque syllabe adressée à Grace, disaient par quels liens étroits les cœurs des deux amies étaient toujours unis.

Marbre était enchanté de la marche du *Wallingford*. Au moment où nous élongions le sloop, qui s'appelait *le Goëland*, le patron, qui ne pouvait voir notre nom, nous héla.

— Quel est ce sloop ?

— *Le Wallingford* de Clawbonny, qui vient de sortir du port, en partie de plaisir.

Clawbonny n'était pas et n'est pas encore aujourd'hui ce qu'on pourrait appeler une dénomination légale. Si j'avais dit que le sloop venait des environs de Coldenham, ou de Morrisania, les Goldens et les Morris étant des personnes de distinction, on aurait su ce que je voulais dire, et je n'aurais pas entendu de ces rires étouffés qui arrivèrent jusqu'à mes oreilles. Mais les Wallingfords étaient tout aussi peu connus que Clawbonny, quand on s'éloignait de quinze ou vingt milles de l'endroit où ils demeuraient depuis si longtemps. Le pauvre Clawbonny se vit donc un peu bafoué, sans doute parce qu'on lui trouvait quelque chose de Hollandais dans le nom, la race anglo-saxonne étant singulièrement portée à dédaigner tout ce qui n'est pas elle ou qui ne vient pas d'elle.

Si les passagers du *Goëland* étaient portés à la raillerie, il n'en était pas de même du patron. Il y avait eu des générations de sloops portant le nom de *Wallingford*, six pour le moins ; mais celui-ci, que mon père avait fait construire, était surtout célèbre, et tous le marins du fleuve le connaissaient. Aussi le patron du *Goëland* ôta-t-il son chapeau pour me saluer.

— Je suppose alors que je vois M. Wallingford lui-même. Vous voici enfin de retour parmi nous ; soyez le bienvenu ! Je me rappelle le temps où monsieur votre père faisait faire à ce sloop tout ce qu'il voulait. Dieu ! comme il le gouvernait, le brave homme ! C'est la nouvelle couche de peinture, qui est différente de la dernière, qui m'a empêché de reconnaître le sloop. Si j'avais jeté un coup d'œil sur ses bossoirs, je ne m'y serais pas trompé.

Ces paroles me relevèrent un peu ainsi que mon bâtiment dans l'estime des passagers du *Goëland*. Il y eut quelques phrases échangées à demi-voix sur le gaillard d'arrière ; et un vieillard qui avait l'air le plus respectable s'approcha du bord et me salua.

— C'est sans doute, dit-il, au capitaine Wallingford que j'ai l'honneur de parler, celui avec qui mes amis les Mertons sont revenus de Chine ? Ils ont souvent exprimé devant moi leur reconnaissance de tous les soins dont ils ont été l'objet, et ils voudraient toujours naviguer avec vous, s'ils étaient forcés de se remettre en mer.

Ce n'était pas envisager mes relations avec les Mertons du point de vue que j'aurais voulu; et cependant la personne qui me parlait, homme de poids et de considération, croyait me dire la chose du monde la plus agréable. Je ne pus me soustraire à la conversation, et il me fallut endurer le supplice d'entendre répéter à plusieurs reprises les noms des Mertons, lorsque Grace était tout près et que ce devait être pour elle une cruelle épreuve. Pendant que Lucie et son père échangaient quelques mots avec des dames qui les avaient reconnus, je jetai un coup d'œil sur Grace : elle était pâle comme la mort, et paraissait désirer de se retirer dans la chambre. Je m'empressai de l'y conduire, et combien je m'applaudis bientôt de l'avoir fait !

Quand je revins sur le pont, *le Wallingford* avait pris les devants, et laissé *le Goëland* à une certaine distance. Lucie alla prendre ma place auprès de Grace, mais elle ne tarda pas à revenir, en disant que ma sœur voulait essayer de reposer. Elle était si faible, que ces courts intervalles de sommeil étaient devenus pour elle un besoin. Chloé ne tarda pas à venir nous dire que sa jeune maîtresse semblait assoupie, de sorte que nous restâmes tous sur le pont, de peur de l'éveiller. Une demi-heure se passa de cette manière, et nous étions alors tout près d'une autre embarcation qui suivait la même direction que nous. Dans ce moment, M. Hardinge était complètement absorbé dans la préparation d'un sermon, et je m'aperçus que Lucie jetait de temps en temps les yeux de son côté, comme si elle eût cherché à rencontrer son regard. Il me semblait que quelque chose la tourmentait, sans qu'il fût en mon pouvoir de découvrir ce que ce pouvait être.

— Ne comptez-vous pas vous approcher davantage de ce sloop ? demanda-t-elle enfin, en montrant l'embarcation qui était presque sur la même ligne que nous, et dont j'avais précisément recommandé à Neb de se tenir à une distance respectueuse.

— Je croyais que les commérages que nous avons eu déjà à subir pouvaient suffire; mais si ces sortes d'entrevues vous amusent, très volontiers.

Lucie parut embarrassée. Elle rougit, réfléchit un moment, puis ajouta en affectant de rire, et il était si rare qu'il y eût en elle quelque chose d'affecté, que je ne pus m'empêcher d'en être frappé :

— Oui, je désire en effet d'approcher de ce

sloop, quoique ce ne soit pas le motif que vous supposez, dit-elle.

Je voyais qu'elle était en peine, quoique la cause m'en fût encore inconnue. Une prière de Lucie était un ordre pour moi, et je dis à Neb de laisser porter sur la hanche de ce second sloop comme nous avions fait pour le premier. Sa poupe nous apprit qu'il s'appelait *l'Orphée*. Le pont était également couvert de personnes des deux sexes, quoique cette fois il n'y eût ni chevaux ni voiture. Pendant tout ce temps, Lucie se tenait à mon côté, comme si elle éprouvait de la répugnance à s'avancer, et quand nous fûmes tout près du sloop, elle se serra encore plus contre moi, comme si elle cherchait un appui.

— A présent, Miles, dit-elle à demi-voix, c'est vous qui hélerez ce sloop, comme vous dites; je ne puis engager une conversation de cette sorte en présence de tant d'étrangers.

— Volontiers, Lucie; mais vous aurez la bonté de me dire ce que je dois demander.

— Certainement, dès que vous aurez commencé par la question d'usage.

— Il suffit... Eh ! de *l'Orphée !* dis-je en élevant la voix assez haut pour être entendu.

— Eh bien, qu'y a-t-il ? répondit le patron en ôtant une pipe de sa bouche, tandis qu'il était nonchalamment appuyé contre le gouvernail.

Je regardai Lucie comme pour lui dire :
« Après ? »

— Demandez-lui si mistress Drewett est sur
son bord — non pas monsieur, mais mistress
Drewett, la mère — ajouta Lucie en rougissant
jusqu'au blanc des yeux.

J'étais si attéré que j'eus peine à retenir une
exclamation. Je me contins néanmoins, et obser-
vant que le patron attendait avec curiosité ma
seconde question, je m'empressai de la lui adresser.

— Mistress Drewett est-elle au nombre de vos
passagers ? demandai-je d'une voix distincte.

Le patron, avant de me répondre, se pencha
vers quelques-uns de ses passagers qui étaient
assis, et qui nous étaient cachés par la grande
voile du *Wallingford*, dont le gui avançait en
dehors du côté de *l'Orphée*.

— Mistress Drewett est ici, et désire savoir
quelle est la personne qui s'en informe, répondit
le patron.

— Dites que miss Hardinge est chargée d'une
commission auprès de mistress Drewett de la
part de mistress Ogilvie, qui est dans cette autre
embarcation, ajouta Lucie d'une voix basse et
mal assurée.

Je suffoquais ; cependant j'eus la force de transmettre la phrase. Aussitôt j'entendis le bruit
d'une personne qui s'élançait sur le gaillard d'ar-

rière de *l'Orphée*, et je vis paraître André Drewett, le chapéau à la main, la figure rayonnante, et une expression dans les yeux, une familiarité dans ses gestes, qui indiquait la plus grande intimité avec Lucie. Celle-ci prit mon bras involontairement, et je sentis qu'elle était toute tremblante.

Les deux sloops étaient alors si près, et tout était si tranquille autour de nous, que Lucie, du gaillard d'arrière du *Wallingford*, et Drewett, du couronnement de *l'Orphée*, pouvaient causer ensemble sans élever la voix. Par suite du changement de position de Lucie, je ne pouvais plus voir sa figure; mais j'épiais d'un œil jaloux ses moindres mouvements.

— Bonjour, dit Lucie d'un ton qui me parut annoncer une grande familiarité; voulez-vous bien dire à votre mère que mistress Ogilvie la prie de l'attendre à Albany. L'autre embarcation n'arrivera pas plus d'une heure ou deux après vous, et mistress Ogilvie voudrait faire la partie d'aller ensemble à... Mais voici mistress Drewett, s'empressa d'ajouter Lucie en s'interrompant, et je vais m'acquitter directement de ma commission.

C'est en effet ce qu'elle fit aussitôt. Il paraît que mistress Ogilvie était une des dames qui s'étaient entretenues avec Lucie, du *Goëland*, et qu'elle l'avait chargé de ce message, dans le cas où *le Wallingford* rejoindrait *l'Orphée.*

— Nous avons aussi quelque chose pour vous, ma chère, répondit mistress Drewett après avoir salué poliment. Vous êtes partie si précipitamment à la réception de cette vilaine lettre, — c'était celle où je suppliais Lucie de venir auprès de son amie malade, — que vous avez oublié votre boîte à ouvrage; et comme je savais qu'elle contenait beaucoup de billets, sans parler des billets de banque, je tenais à vous la remettre en mains propres. La voici ; comment vais-je m'y prendre pour vous la faire passer?

Lucie tressaillit, et je vis qu'elle n'était pas sans inquiétude. Elle était en visite à la maison de campagne de miss Drewett, au moment où où elle avait reçu ma lettre, et dans la précipitation de son départ, elle avait laissé une petite boîte à ouvrage toute ouverte. Certes, mistress Drewett était incapable de fouiller dans cette boîte, et de parcourir les lettres qu'elle contenait; Lucie avait elle-même trop de délicatesse pour la soupçonner d'une pareille indiscrétion ; cependant on n'aime jamais à voir ses secrets ainsi livrés à la merci du premier venu.

Il y a des servantes aussi bien que des maîtresses, et je vis qu'elle était impatiente de rentrer en possession de sa boîte; dans ces circonstances je crus devoir intervenir.

— Monsieur Drewett, dis-je en lui faisant un salut qu'il me rendit froidement — c'était le premier signe de politesse que nous échangions — si vous voulez faire arrêter l'aire de votre sloop, j'en ferai autant, et j'enverrai un canot chercher la boîte.

Cette proposition fit tourner les yeux du côté du patron, qui était toujours appuyé contre le gouvernail, fumant à outrance; mais celui-ci fut loin de l'accueillir favorablement; mécontent d'être dérangé dans son occupation favorite, il ôta lentement la pipe de sa bouche et grommela entre ses dents :

— S'arrêter, comme si on était sûr d'avoir toujours le vent à ses ordres! belle idée, vraiment!

Et il se remit à fumer de plus belle. Je vis qu'il n'y avait pas d'espoir de lui faire entendre raison, et j'avisai à quelque autre moyen, quand tout à coup, à ma grande surprise, et non sans quelque inquiétude, je vis André Drewett prendre la boîte des mains de sa mère, puis s'élancer sur l'extrémité de notre gui, qui touchait à son sloop, et s'y avancer avec l'intention évidente d'arriver ainsi jusqu'à notre pont, pour remetre lui-même à Lucie son petit coffre. Tout cela se passa si rapidement qu'il n'y avait pas eu le temps de lui adresser la moindre observation. Les jeunes gens ne doutent de rien, quand il s'agit de montrer leur dévouement à leurs maîtresses.

Le gui se présentait de si bonne grâce que Drewett ne résista pas sans doute à la tentation, et il crut que ce serait un exploit éclatant de traverser un pont si mobile, pour porter une boîte à une dame. Si la vergue eût été placée contre terre, rien, sans doute, n'eût été plus facile que de marcher d'un bout à l'autre sans trébucher; mais c'était une entreprise autrement hasardeuse quand il fallait l'accomplir le gui étant en place, suspendu au-dessus de l'eau avec la voile déployée, pendant que l'embarcation continuait à marcher.

Drewett ne fut pas longtemps à s'en apercevoir, car il n'avait pas fait deux ou trois pas, qu'il dut saisir la balancine, qui, heureusement pour lui était roide, pour y chercher un point d'appui. Au même instant, Neb, obéissant à un ordre qui venait de lui être donné, avait mis la barre dessous, et l'extrémité du gui était déjà à vingt pieds du gaillard d'arrière de *l'Orphée*.

Il va sans dire que toutes les dames poussèrent des cris de détresse. La pauvre mistress Drewett se cachait la figure dans ses mains, et regardait son fils déjà comme perdu. Je n'osais pas regar-

der Lucie qui, après la première exclamation involontaire, était restée immobile à sa place.
Comme Drewett perdait évidemment son sang-
froid, je crus à propos de prendre quelque mesure,
non-seulement dans son intérêt, mais même dans
celui de la boîte de Lucie, qui courait encore
plus de danger que le jeune homme, dans le cas
où celui-ci saurait nager. J'allais crier à Drewett
de se tenir ferme, et que j'allais manœuvrer de
manière à diriger l'extrémité du gui au-dessus
du pont de *l'Orphée*, sur lequel il lui serait facile
de descendre, lorsque Neb, ayant trouvé quelqu'un pour prendre sa place au gouvernail, vint
tout à coup se placer auprès de moi.

— La boîte tomber à l'eau, certainement,
maître, dit-il à demi-voix ; ses jambes trembler
déjà, et bientôt lui lâcher tout !

— Comment faire, Neb? savez-vous quelque
moyen ?

— Si maître vouloir, nègre courir sur le gui,
prendre la boîte et la rapporter à miss Lucie;
elle paraît y tenir beaucoup, la chère demoiselle.

— Eh bien, allez, mon garçon, et regardez
bien où vous mettez le pied.

Neb ne se le fit pas dire deux fois ; il avait les
pieds façonnés de telle sorte que, sans souliers,
il pouvait presque serrer une vergue dans son

étreinte. J'avais souvent vu Neb courir sur une vergue de hune, en saisissant la balancine, pendant que le bâtiment était violemment secoué par la lame, et ce n'était qu'un jeu, après cela, de marcher sur le gui du *Wallingford*, qui lui offrait bien plus de surface.

Un cri de Chloé assez distinct m'apprit que le nègre avait commencé sa course. Je regardai dans cette direction, et je le vis en effet s'avancer d'un pas ferme le long du gui, malgré les protestations de Drevett qu'il n'avait pas besoin d'aide; il arriva ainsi jusqu'au point où le jeune imprudent s'était cramponné à la balancine, tandis que ces jambes flageolaient d'une manière qui commençait à devenir inquiétante. Neb alors fit sa grimace la plus aimable, étendit la main et exposa l'objet de sa visite.

— Maître Miles penser valoir mieux me donner la boîte de miss Lucie, dit-il avec toute la politesse dont il était susceptible.

En dépit de son amour-propre blessé, André Drewett ne fut nullement fâché de ce petit soulagement, aussi la boîte fut-elle remise sans la moindre objection; Neb inclina la tête en la recevant; puis il se retourna aussi tranquillement que s'il avait été sur le pont, et marcha droit au mât du pas le plus ferme. Il s'arrêta un instant, précisément à l'endroit le plus étroit de la vergue, pour se retourner du côté de Drewett, qui disait quelques mots pour tranquiliser sa mère, et je remarquai que, pendant qu'il avait ses deux talons sur la même ligne, ses orteils se rejoignaient presque sous le gui, qu'ils étreignaient comme avec des serres. Un profond soupir fut poussé près de moi, au moment ou Neb sauta légèrement sur le pont, et je sus d'où il provenait en entendant l'exclamation connue de : « Le gars ! »

Quant à Neb, il s'avança, son trophée à la main, qu'il offrit à Lucie avec un de ses saluts les plus gracieux, mais sans se donner des airs de conquérant comme s'il eût accompli un exploit héroïque. Lucie passa le coffre à Chloé, sans détourner les yeux de dessus Drewett, dont la situation semblait lui inspirer plus d'intérêt que je n'aurais voulu.

— Merci, M. Drewett, dit-elle en affectant de penser que son adresse avait tout fait, voici la boîte en sûreté, et il n'est plus nécessaire que vous veniez ici ; M. Wallingford va vous fournir les moyens de redescendre dans votre sloop.

Je venais en effet d'expliquer comment je comptais m'y prendre ; mais deux obstacles se présentèrent auxquels je n'avais pas songé : d'abord l'amour-propre de Drewett, qui ne voulait pas avoir l'air de reculer lorsque Neb venait de démontrer clairement que ce n'était pas une si grande affaire de marcher sur le gui ; et ensuite le dépit du patron d'Albany qui, piqué de voir que nous le devançions, et croyant qu'André passait sur notre bord, parce que nous allions plus vite, s'en vengea en s'éloignant à cent verges de nous. Je vis qu'il ne restait qu'un seul parti à prendre, et je l'adoptai sur-le-champ.

— Tenez-vous bien à la balancine, monsieur Drewett. Je vais faire rentrer le gui à bord, et alors il vous sera facile de descendre sur notre couronnement.

Mais Drewett me supplia de n'en rien faire. Il s'accoutumait à sa position, et dans une minute il prendrait son élan, à la manière de Neb. Tout ce qu'il demandait, c'était de n'être point pressé.

— Non, non, ne dérangez rien, capitaine Wallingford, dit-il vivement. Ce que le nègre a fait, je saurai bien le faire.

— Mais ce nègre a des serres pour étreindre, et puis il est matelot et habitué à ces sortes d'exercices ; il a les pieds nus en outre, tandis que vous avez des bottes minces et glissantes.

— Oui, c'est bien ce qui me gêne. Quoi qu'il en soit, j'espère m'en tirer à mon honneur, et pouvoir aller saluer miss Hardinge sans avoir besoin d'être aidé.

M. Hardinge intervint, mais je vis que toutes

les remontrances seraient inutiles. Drewett était piqué au jeu, et il était évident qu'il allait se mettre en marche.

— Ne le laissez pas avancer, me dit Lucie d'une voix suppliante ; je lui ai entendu dire qu'il ne savait pas nager.

Il était trop tard. L'orgueil, la vanité, l'entêtement, l'amour, le rendirent sourd à toutes les instances, et il partit, abandonnant la balancine, son unique point d'appui. Il ne l'eut pas plutôt lâchée que je vis qu'il n'atteindrait jamais le mât, et je pris mes dispositions en conséquence. Je dis à Marbre de parer à lofer ; et ces paroles étaient à peine sorties de mes lèvres, que le plongeon était fait.

A la manière dont Drewett se démenait dans l'eau, je vis sur-le-champ que Lucie ne s'était pas trompée, et que le malheureux ne savait pas nager. J'étais en veste, en pantalon de toile, et en escarpins de marin ; posant donc un pied sur la lisse du plat-bord, je m'élançai à l'eau, au moment où il enfonçait. J'attendis qu'il reparût sur l'eau, ce qui ne pouvait tarder, et alors je le saisis par les cheveux pour tâcher de le retourner sur le dos, et de présenter sa figure à l'air. En ce moment, *le Wallingfopd* s'éloignait de nous, Marbre ayant mis aussitôt la barre dessous, afin de tourner autour du point où nous étions. J'appris ensuite que, dès que le patron de *l'Orphée* avait eu connaissance de l'accident arrivé, il s'était décidé à mettre en panne.

Il n'y avait pas de temps à perdre en réflexions. Une fois que je tins Drewett par les cheveux, j'élevai sa tête hors de l'eau pour qu'il pût reprendre haleine, et par suite de l'effort que j'avais dû faire je coulai moi-même au fond. Il fallut alors lâcher prise pour revenir sur l'eau. J'avais voulu lui donner un moment pour reprendre son sang-froid, dans l'espoir qu'il écouterait ensuite la raison, et je lui dis de poser ses deux mains sur mes épaules, d'enfoncer son corps dans l'eau le plus possible, et de me laisser faire ensuite. Si la personne en danger suit exactement cette recommandation, un bon nageur peut, sans efforts extraordinaires, la conduire à la remorque pendant plus d'un mille.

Mais Drewett, en reprenant haleine, n'avait pas repris sa raison ; seulement il avait recouvré assez de force pour pouvoir se débattre comme un forcené. Sur la terre, j'en serais facilement venu à bout ; mais dans l'eau le plus faible enfant devient redoutable. Que Dieu me pardonne si je lui fais injure ; mais je crus un moment que Drewett savait parfaitement qui j'étais, et qu'il était sous l'influence d'un égarement jaloux. Je puis me tromper, mais ce qui est certain, c'est que je l'entendis murmurer les mots de « Lucie, » de « Wallingford, » de « Clawbonny, » de « rival, » pendant qu'il luttait avec fureur

L'avantage que je lui avais donné en lui laissant mettre ses mains sur mes épaules faillit me coûter cher. Au lieu de se conformer à mes recommandations, il me serra le cou de ses deux bras, et il semblait vouloir monter sur ma tête en s'efforçant de sortir ses épaules hors de l'eau, surcroît de fardeau qui m'y faisait rentrer malgré moi. Ce fut pendant que nous étions dans cette position, lorsque sa bouche était à un doigt de mon oreille, que j'entendis les mots dont j'ai parlé. Il se peut néanmoins qu'il ne sût pas lui-même ce que la terreur et le désespoir lui arrachaient.

Je vis qu'il n'y avait pas de temps à perdre, et je fis des efforts inouïs. Je cherchai d'abord à nager avec ce poids énorme, mais il fallut y renoncer. L'étreinte de fer qui me serrait la gorge ne me laissait pas la liberté des mouvements. Il n'y avait pas à hésiter : il fallait m'en débarrasser ou me noyer. Renonçant à nager, je saisis ses mains avec les miennes, et je m'efforçai de lui faire lâcher prise. Nous allâmes au fond l'un et l'autre ; car il m'était impossible de maintenir ma tête au-dessus de l'eau, à l'aide de mes pieds seuls, avec le poids que je traînais avec moi.

Je puis à peine décrire ce qui suivit. Je ne songeai plus, je l'avoue, à sauver la vie de Drewett ; je ne pensai qu'à moi. Nous nous livrâmes dans l'eau un combat acharné comme les plus mortels ennemis. Trois fois, par mes seuls efforts, je m'élevai à la surface de l'eau pour respirer, ramenant en même temps Drewett, qui se trouvait dans la position la plus favorable, et trois fois j'enfonçai de nouveau. Une lutte si terrible ne pouvait durer longtemps. Nous allâmes au fond pour la quatrième fois, et cette fois je sentais que c'était pour ne plus nous relever, quand il m'arriva un secours inattendu.

Depuis l'enfance, mon père m'avait appris la leçon importante de tenir mes yeux ouverts sous l'eau. Par suite de cette habitude, j'avais sur Drewett le léger avantage de voir au moins de quel côté je devais diriger mes efforts. Pendant que j'enfonçais, à ce que je croyais, pour la dernière fois, je vis près de moi dans l'eau une masse indistincte, que, dans mon trouble, je pris pour un requin, quoique les requins ne remontent jamais l'Hudson aussi haut, et arrivent même rarement jusqu'à New-York.

Cet objet s'avançait de notre côté, et même il plongea tout à coup sous nous, comme s'il voulait s'assurer sa proie. Mais je me sentis soulever doucement à la surface, et au moment où j'apercevais la lumière, et où je commençais à respirer, Drewett fut arraché de mon cou par Marbre, dont la voix résonna délicieusement à mon oreille. Au même instant, mon requin sortit de l'eau, soufflant comme un marsouin, et j'entendis ces mots :

— Courage, maître ! Neb être là !

Je fus hissé à bord, je ne sais comment, et je restai étendu dans un épuisement complet, pendant que Drewett ne semblait plus donner aucun signe de vie. En ce moment, Neb, tout ruisselant, comme quelque dieu nègre du fleuve, s'assit au fond du canot, prit ma tête sur ses genoux, et se mit à presser mes cheveux pour en exprimer l'eau, et à m'essuyer la figure avec un mouchoir.

— Allons, enfants, force de rames pour regagner le sloop ! s'écria Marbre dès que nous fûmes retirés de l'eau. Ce monsieur semble avoir fermé les écoutilles pour la dernière fois. Quant à Miles, ce n'est pas lui qui se noiera jamais en eau douce.

CHAPITRE XIII

Mistress Wetmore

Il me serait aussi difficile de décrire minutieusement ce qui se passa lorsque le canot rejoignit *le Wallingford* que de dépeindre tous les incidents terribles de la lutte entre Drewett et moi au fond de l'eau. Tout ce que je pus voir, pendant que M. Hardinge et Neb m'aidaient à monter à bord, c'est que Lucie n'était pas sur le pont. Elle était allée sans doute auprès de Grace, pour se trouver là quand elle recevrait la fatale nouvelle qu'on attendait. J'appris ensuite qu'elle était restée longtemps à genoux dans la chambre de l'arrière, absorbée dans cette prière intense et convulsive par laquelle les malheureux en appellent à Dieu dans l'excès de leur désespoir.

Pendant les courts intervalles où quelque sensation étrangère à l'horrible scène dans laquelle je jouais un rôle si actif pouvait venir jusqu'à moi, j'avais entendu des cris perçants poussés par Chloé; mais la voix de Lucie n'avait pas frappé mon oreille. Même à présent, pendant qu'on nous hissait à bord presque insensibles, Chloé seule était là, debout, les yeux ruisselants de larmes, les traits contractés par la terreur à moitié dilatés par la joie, ne sachant si elle devait rire ou pleurer, regardant d'abord son maître et ensuite son amant, jusqu'à ce que les sentiments qui l'étouffaient eussent trouvé à s'exhaler dans son exclamation favorite de « le gars. »

Il fut heureux pour André Drewett qu'un homme de l'expérience et de l'autorité du docteur Post fût avec nous. A peine le corps, en apparence sans vie, eut-il été déposé sur le pont, que M. Hardinge fit apporter un seau, et il allait se mettre avec Marbre à rouler le pauvre diable de toutes ses forces, puis à le tenir suspendu les pieds en l'air, dans l'idée qu'il fallait qu'il rendît toute l'eau qu'il avait avalée, avant de pouvoir respirer. Le docteur y mit bon ordre. Il fit sur-le-champ déshabiller Drewett, fit chauffer des couvertures, et employa les moyens les plus judicieux pour rétablir la circulation du sang. Bientôt il découvrit des signes de vie ; il fit éloigner tout le monde, à l'exception d'une ou deux personnes pour l'aider ; et, dix minutes après, Drewett était placé dans un lit bien chaud, et pouvait être considéré comme hors de danger.

La scène terrible qui venait de se passer si directement sous ses yeux produisit quelque effet sur le patron d'Albany. Il daigna cette fois border plat sa grande voile, amener sa bonnette et son hunier, venir au vent, porter sur le travers du *Wallingford*, mettre en panne, et faire mettre à l'eau un canot à bord duquel passèrent mistress Drewett et ses deux filles, Hélène et Caroline, et elles arrivèrent sur notre bord au moment où André venait d'être porté en bas.

Je calmai leurs inquiétudes, car alors j'avais repris l'usage de la parole, et je pouvais même marcher; et Post permit qu'elles descendissent auprès du malade. Je saisis cette occasion pour aller changer de vêtements dans la cale, et cela suffit pour me faire éprouver un bien-être général. Cependant mes efforts avaient été si désespérés qu'il me fallut une bonne nuit de repos pour me remettre complètement. A peine avais-je terminé ma toilette, qu'on vint me dire que Grace me demandait.

Ma sœur me reçut à bras ouverts et sanglota sur ma poitrine pendant quelques minutes. Elle avait ignoré dans le premier moment la cause des cris de Chloé et du bruit confus qui se faisait entendre sur le pont. Ce n'était qu'après m'avoir revu sain et sauf que Lucie lui avait raconté ce qui s'était passé, avec tous les ménagements que pouvaient lui dicter sa tendresse et son bon cœur. Ma sœur me serrait convulsivement dans ses bras, comme si elle eût craint de me perdre encore, et nous étions encore livrés à une vive émotion, quand M. Hardinge parut et, prenant ma tête à deux mains, comme lorsque j'étais tout petit, il m'embrassa à plusieurs reprises et me donna tout haut sa bénédiction. J'avoue que je n'eus que le temps de courir sur le pont pour cacher mon émotion.

Au bout de quelques minutes, dès que j'eus repris assez de sang-froid, je donnai ordre de mettre à la voile, et nous remontâmes le fleuve à la suite de *l'Orphée* que nous ne tardâmes pas à dépasser. Quand toutes les voiles furent déployées je m'assis sur un des sièges qui se trouvaient sur le pont, et je mis à réfléchir à tout ce qui s'était passé.

Pendant que j'étais absorbé dans ces méditations, Marbre vint se placer à côté de moi, me serra cordialement la main, et se mit à causer. A ce moment, Neb qui venait de changer complètement de toilette pour se sécher, et qui était beau comme un astre, était debout sur le gaillard d'avant, les bras croisés, dans l'attitude du marin, aussi calme que s'il n'avait jamais entendu le vent siffler. Parfois, cependant, il lui arrivait de s'oublier, sous l'influence des sourires et de l'admiration naïve de Chloé. Dans ces moments de faiblesse il baissait la tête, laissait échapper un rire mal comprimé ; puis, rentrant tout à coup en lui-même, il s'efforçait de reprendre un air de dignité. Pendant que cette pantomime allait son train sur l'avant, la conversation ne languissait pas sur le gaillard d'arrière.

— La Providence a sur vous quelque grand dessein, Miles, continua mon lieutenant, après m'avoir exprimé tout son plaisir de me revoir sain et sauf. Voyez combien de fois vous avez été sauvé miraculeusement. Savez-vous bien que vous êtes peut-être le seul homme vivant qui ait été trois fois de suite au fond de l'eau, et qui soit revenu après le raconter lui-même ? M'est avis que vous avez dû diantrement généraliser, Miles, quand vous vous êtes senti couler à fond pour la quatrième fois, sans grand espoir de revenir jamais à la surface ?

— Vous ne vous trompez pas, mon ami. On ne peut pas voir la mort de si près sans jeter un coup-d'œil rapide et général sur le passé. J'ai pensé à vous, mon vieux camarade, et je me disais que je vous manquerais cruellement. Me suis-je trompé ?

— Trompé ! s'écria Marbre avec chaleur ; jamais une idée plus juste n'est sortie de votre cerveau ! Si vous m'auriez manqué ! Savez-vous bien ce que j'aurais fait le lendemain de l'enterrement ? Je partais pour la Terre de Marbre, cette fois pour ne plus la quitter. Voilà un exploit de Neb qui va mettre les nègres en grande faveur dans le monde; et je crains qu'il n'y ait bien des cadeaux à distribuer à cette occasion.

— Et croyez qu'ils ne se feront pas attendre. Tenez; voici le commencement. La vieille Didon cherche évidemment à me parler... Approchez, Didon, est-ce que je vous fais peur?

Didon Clawbonny était la cuisinière de la famille et la mère de Chloé. Quelques critiques qu'on pût faire de son teint dont tout le luisant était tombé dans ses fourneaux, personne ne pouvait nier qu'elle ne fût une négresse pur sang. Elle ne pesait ni plus ni moins de deux cents livres, et il y avait dans l'expression de sa figure un singulier mélange de l'insouciance de sa race et de la dignité habituelle d'un chef de cuisine: Elle avait été mariée deux fois; la seconde union ne remontait qu'à un an.

— Le bienvenu, maître, le bienvenu ! commença Didon en me tirant une révérence jusqu'à terre. Enfin de retour ! — Elle voulait dire, de retour du fond de l'eau. — Tout le monde si fort en peine que maître avoir du mal !

— Merci, Didon, merci du fond du cœur. Mon accident a eu du moins cela de bon qu'il m'a fait connaître à quel point mes serviteurs m'aiment... Eh ! bien, Didon, comment va le mariage, dans nos vieux jours ? car j'apprends que nous nous sommes remariée pendant que j'étais sur mer.

Didon abaissa les yeux sur le plancher, suivant la coutume de toutes les nouvelles mariées, quelle que soit leur couleur ; montra le degré de confusion convenable, fit une nouvelle révérence, tourna la figure de manière à ne plus me montrer qu'une demi-lune, et répondit avec un soupir très expressif :

— Oui, maître, vous bien informé. Moi vouloir attendre le retour de jeune maître pour demander consentement à lui ; mais Cupidon — c'était le nom du second mari — avoir dit à moi : « Que faire à maître ? lui, bien loin ; lui pas le trouver mauvais »... De sorte que, pour n'être pas tourmentée par Cupidon, moi avoir consenti au mariage tout de suite ; voilà, dà !

— Et vous avez très bien fait, ma bonne. Pour que tout se passe dans les règles, je vous donne mon consentement à présent, et de grand cœur.

— Merci, maître ! reprit Didon en saluant encore et en montrant toutes ses dents.

— Sans doute c'est notre excellent ministre, le bon M. Hardinge, qui a fait la cérémonie ?

— Et qui donc ? aucun nègre de Clawbonny vouloir se marier du tout, si maître Hardinge pas bénir lui et dire amen. Deux fois Didon avoir été mariée, et deux fois aussi bien. Oh ! dà !

— Et maintenant que la chose est faite, Didon, j'espère que vous n'avez pas sujet de vous en repentir. Cupidon n'est pas positivement beau, à coup sûr ; mais c'est un brave et honnête garçon.

— Oui, brave, maître, oui, honnête ; mais après tout second mari n'être jamais tout à fait la même chose que premier mari. Moi le dire à Cupidon plus de vingt fois par jour.

— Eh ! bien, c'est assez, Didon, et je vous engage à ne plus le lui dire davantage. Passez à autre chose. J'espère qu'il se montre bon père pour Chloé ?

— Lui, pas père du tout ; père de Chloé être bien loin, et ne jamais revenir. C'est de Chloé que moi avoir un mot à dire à jeune maître, et de Neb que voilà.

— Je vois ce que c'est, Didon. Je sais qu'ils s'aiment, et je présume qu'ils veulent se marier à leur tour. Si c'est mon consentement que vous venez demander, je le donne d'avance. Neb sera un excellent mari, je vous en réponds.

— Pas si vite, maître, reprit Didon avec un empressement qui prouvait que ce consentement si facile n'était nullement ce qu'elle voulait. Moi voir beaucoup d'objections à Neb, quand lui demander jeune fille dans la position de Chloé. Vous savoir Chloé être maintenant femme de chambre de miss Grace, dà ! personne d'autre aider à sa toilette, ou ranger dans la chambre de jeune maîtresse, que ma Chloé Clawbonny !

C'était du nouveau pour le coup ! on pouvait bien dire : tel maître, tel valet. Neb ne semblait pas devoir être plus heureux que moi dans ses amours ; et la même objection nous était faite à l'un et à l'autre : nous n'étions pas assez comme il faut ! Je résolus néanmoins de dire un mot en faveur du pauvre diable ; quoique c'eût été contrevenir aux usages de la famille que d'intervenir autrement que par des conseils, dans une affaire de cœur.

— Si Chloé est la favorite de ma sœur, savez-vous bien, Didon, que Neb est mon favori à moi ?

— Moi savoir ; Chloé le dire à moi ; mais grande différence, maître, entre Clawbonny et un navire. Neb lui-même convenir ne pas avoir là-bas chambre à lui, comme maître.

— Il est vrai, Didon ; mais ce que vous ne savez pas, c'est qu'en mer, il est plus honorable d'être matelot sur le pont, que de servir dans la chambre. Je l'ai été moi-même quelque temps ; et Neb ne fait qu'occuper le poste qui a été rempli par son maître.

— Etre beaucoup, assurément, beaucoup, maître, et moi bien aise Chloé ne pas savoir cela. Mais eux dire, maintenant que Neb avoir sauvé la vie de jeune maître, jeune maître donner sans doute à lui papier pour être libre ; et jamais fille à moi être femme de nègre libre ; non dà ! Un tel déshonneur être plus que vieille fidèle servante pouvoir supporter.

— Je crains, Didon, que Neb n'ait la même manière de voir. Je lui ai offert sa liberté il y a quelques jours, et il n'en a pas voulu. Mais l'opinion change sur ce point dans notre pays, et on croira bientôt qu'il est plus honorable pour un nègre d'être libre, que d'être l'esclave d'un autre homme. La loi se propose de vous affranchir tous un de ces jours.

— Ce jour-là, maître, ne jamais venir pour moi ni pour les miens.

— J'espère que vous y réfléchirez encore, Chloé peut un jour désirer d'être libre ; et la femme de Neb sera libre, dès qu'elle le voudra.

— Moi y penser, maître, comme vous dire, et moi alors venir dire à jeune maître et à jeune maîtresse ce que moi avoir pensé. Eux écouter vieille Didon avant de donner leur consentement.

— Certainement. Chloé est votre fille, Didon, et elle aura toujours pour vous toute espèce de déférence. Jamais nous n'encouragerons des enfants à manquer de respect à leurs parents.

Didon finit par une profonde révérence, comme

elle avait commencé, et se retira avec une dignité que Neb et Chloé durent trouver d'assez mauvais augure.

— Maintenant que la vieille a filé tout son loch, reprit mon lieutenant, nous allons procéder par ordre. J'ai parlé à la mère du jeune étourdi qui est tombé dans l'eau, et je lui ai donné quelques avis dans l'intérêt du jeune homme pour l'avenir. Et savez-vous bien quelle raison elle donne pour expliquer la sottise qu'il a faite? L'amour! Il paraît que le pauvre diable est amoureux fou de cette jeune personne charmante qui est la sœur de Rupert; et ce n'était ni plus ni moins que l'amour qui l'avait porté à marcher sur notre gui sans balancier, comme un danseur de corde.

— Et c'est mistress Drewett qui vous a donné ces détails, Marbre?

— Elle-même, capitaine. La bonne vieille dame m'a donné à entendre que c'était une affaire conclue, et qu'elle regardait déjà miss Harding comme sa fille.

J'aurais été étonné d'une pareille indiscrétion, si je n'avais pas réfléchi qu'une pauvre mère, dans la position où s'était trouvée mistress Drewett, pouvait bien manquer un moment de prudence. C'était encore une preuve de plus, s'il m'en avait fallu, que j'arrivais trop tard.

L'incident du matin, et la présence de mistress Drewett et de ses filles, amenèrent un changement complet dans nos relations et dans nos habitudes. Les dames restèrent la plupart du temps en bas, et le docteur défendit à Drewett de se lever avant que ses forces fussent complètement revenues. M. Hardinge passa la plus grande partie du jour auprès de lui. Marbre et moi nous restâmes presque exclusivement en possession du gaillard d'arrière, quoiqu'on vînt quelquefois nous rendre quelques visites.

Cependant *le Wallingford* continuait à remonter le fleuve, favorisé par une légère brise du sud, et le lendemain, nous atteignîmes Albany, où, à ma grande satisfaction, mes hôtes devaient se séparer de nous.

Ce furent alors de leur part des regrets sans fin et un vrai désespoir, tout le monde semblant penser beaucoup à Lucie, et très peu à ma pauvre sœur. On chercha même à détacher Lucie de notre compagnie, mais elle répondit, trop positivement pour laisser le moindre espoir, qu'elle se refusait à quitter Grace, et il fallut bien se résigner.

Après avoir aidé sa mère à passer dans le canot que j'avais fait mettre à l'eau, André Drewett se tourna vers moi, et du ton le plus convenable, avec des manières pleines de franchise et de distinction, il m'exprima sa reconnaissance du service que je lui avais rendu. Après ces avances, les premières qu'il m'eût jamais faites, je ne pouvais faire moins que de lui serrer la main, et nos adieux furent en apparence ceux de deux personnes que la reconnaissance vient de rapprocher.

Ce fut un grand soulagement pour moi de voir renaître le calme et la tranquillité sur mon bord, et lorsque le canot nous rejoignit, j'avais déjà viré de bord, sans donner un seul regret à Albany, que je ne connaissais pas alors. *Le Wallingford* commença à descendre l'Hudson, et nous étions parmi les îles au-dessous de Coejiman, quand nous fûmes arrêtés par le retour du flot. Le vent était tombé, et nous fûmes obligés de chercher un ancrage. Dès qu'il fut trouvé, je demandai Lucie; mais elle me fit dire par Chloé que Grace reposait, et qu'elle n'osait pas la quitter, de peur de faire le moindre bruit.

Après avoir reçu ce message, je fis haler le long du bord du canot que nous remorquions, et j'y montai avec Marbre. Neb se chargea de nous conduire; et Chloé riait aux éclats de la dextérité du nègre, qui d'une seule main, et par le simple jeu du poignet, faisait écumer l'eau sous les bossoirs de notre petite embarcation.

L'endroit où nous débarquâmes était une petite

anse charmante, qui était ombragée par trois ou quatre énormes saules pleureurs, et qui présentait un tableau parfait de calme et de repos. C'était un site tout à fait champêtre et retiré. Une seule habitation dominait une petite terrasse naturelle, élevée de dix à douze pieds au-dessus du sol fertile où croissaient les saules. Elle était en pierres, à un seul étage, avec un toit élevé se terminant en pointe, lequel se projetait en avant, du côté du fleuve, de manière à abriter l'entrée et la porte extérieure. Les pierres étaient blanches comme de la neige ; on voyait qu'elles avaient été lavées récemment. Les fenêtres étaient charmantes dans leur irrégularité ; tout rappelait un autre siècle et un régime différent de celui sous lequel nous vivions alors. En effet les chiffres 1698, gravés sur la façade, annonçaient que la maison remontait à la même époque que les secondes constructions de Clawbonny.

Le jardin n'était pas grand, mais il était dans un ordre admirable. Il était derrière la maison, et, à la suite, un petit verger, contenant une centaine d'arbres couverts de fruits. Il y avait aussi, près de la maison, à laquelle ils servaient tout à la fois d'ombrage et d'ornement, une douzaine d'énormes cerisiers, dont les branches portaient encore quelques fruits.

Comme nous approchions du bord, je dis à

Neb de cesser de nager, et je restai à contempler cette scène calme et tranquille, pendant que le canot se dirigeait vers la berge par suite de l'impulsion qu'il avait reçue précédemment.

— Voilà un ermitage comme il m'en faudrait un, Miles, dit Marbre, dont les regards ne s'étaient pas détachés de ce site, depuis que nous avions quitté le sloop ; c'est ce que j'appelle un ermitage humain ; mais ne me parlez pas de vos solitudes infernales. Ici, il y a place pour la basse-cour ; une jolie berge pour le canot ; du poisson en abondance, je le parierais ; un bijou de maison ; des arbres gros comme des mâts ; et du monde à portée de la voix, si l'on se sentait aller à la mélancolie. Voilà l'endroit où l'on aimerait à rentrer sa carcasse, quand elle sera trop vieille pour retourner en mer. Là-bas, sur le banc qui entoure ce cerisier, quelle place délicieuse pour fumer un cigare ! et le grog doit avoir bien plus de saveur, pris sur le bord de cette source limpide.

— Il faut acheter cette petite propriété, Moïse. Nous serions voisins, et grâce à l'Hudson, les visites nous seraient faciles. Il n'y a pas plus de cinquante milles d'ici à Clawbonny.

— Savez-vous bien qu'on n'aurait pas honte de demander pour un bien pareil autant d'argent qu'il en faudrait pour acheter le meilleur navire ?

— Allons donc, mille à douze cents dollars

feraient l'affaire, et vous auriez avec la maison toute la terre qui en dépend, ce qui n'est guère plus de douze à quinze acres, après tout. Ce n'est pas l'argent qui vous manque, vous avez plus de deux mille dollars à l'abri du naufrage, Moïse, sans compter les parts de prise, la paie, et bien d'autres choses.

— Ce n'est pas l'argent qui fait la difficulté, c'est l'éloignement. Si l'endroit était un peu plus près de Clawbonny, le propriétaire entendrait bientôt parler de moi.

— Mais à quoi bon ? quand je pense. N'ai-je pas une petite anse tout aussi retirée à deux pas de Clawbonny ?... Je vous y bâtirai une maison que vous ne distinguerez pas de la chambre d'un bâtiment. Voilà qui vous ira, pour le coup.

— C'est une pensée qui m'est venue un jour, Miles, et je ne vous cacherai pas qu'elle me souriait assez ; mais elle n'a pu soutenir les logarithmes. Vous pouvez bien construire une maison qui ressemble à un navire, mais ce ne sera pas la même chose après tout. Vous aurez beau y mettre des carlingues, des barres d'arcasses, des panneaux et des écoutilles ; où sera le roulis ? Et qu'est-ce qu'un navire sans mouvement ? ce serait bientôt comme la mer dans les latitudes calmes ; ce serait à en avoir des nausées. Non, non, pas de vos bâtiments infernaux qui ne bougeraient pas. A bord comme à bord ; mais aussi à terre comme à terre !

Nous étions alors à terre nous-mêmes, la quille du canot frôlant légèrement les cailloux de la berge. Nous nous dirigeâmes vers l'habitation, sans rencontrer aucun obstacle. Je dis à Marbre que, pour motiver notre visite, nous demanderions du lait ; justement deux vaches paissaient devant nous dans un petit pâturage très appétissant.

Cet expédient parut d'abord superflu, personne ne se présentant pour nous faire une seule question. Quand nous arrivâmes à la porte, nous la trouvâmes ouverte, et je pus regarder dans l'intérieur sans violer les lois de l'hospitalité. Il n'y avait point de vestibule, mais on se trouvait de prime-abord dans une grande pièce qui occupait toute la façade de la maison. Elle avait bien vingt pieds carrés, et elle avait plus d'élévation qu'on n'en trouve ordinairement dans des habitations de ce genre.

Cette pièce était la propreté même ; un tapis fort simple, mais très joli, ouvrage sans doute de quelque bonne ménagère, couvrait le plancher ; il s'y trouvait une douzaine de chaises gothiques à dos élevé ; deux ou trois tables dans lesquelles on se serait miré ; une couple de glaces d'une dimension modeste, mais richement encadrées ;

un buffet où était rangée de la vraie porcelaine de Chine; et le reste du mobilier d'une habitation qui tenait le milieu entre une simple ferme et une maison de campagne proprement dite.

Nous regardions de l'entrée cette scène de paix domestique et d'ordre parfait, quand une porte intérieure s'ouvrit, et la maîtresse de la maison parut. C'était une femme de près de soixante-dix ans, de moyenne taille, à la démarche lente, quoique ferme, et ayant un air de santé; elle était habillée à la mode du siècle dernier, simplement, mais avec cette même propreté qui régnait partout autour d'elle. Un tablier, blanc comme neige, semblait défier aucune tache d'en approcher jamais. Sans doute, rien n'annonçait en elle cette distinction de manières qui est le résultat de l'éducation et de la bonne compagnie; mais sa figure avait une expression de bonté, de bienveillance et de sensibilité; elle ne parut pas surprise en nous saluant, et nous invita à entrer pour nous asseoir.

— Il est rare que des sloops entrent ici, nous dit-elle; les endroits qu'ils affectionnent sont plus haut ou plus bas sur le fleuve.

— Et pourquoi donc, ma chère dame ? demanda Marbre qui s'était assis, et qui se mit aussitôt à causer avec toute la franchise d'un marin. Dans mon idée, c'est le meilleur ancrage que j'aie rencontré depuis longtemps. Savez-vous bien qu'il y a de quoi faire venir l'eau à la bouche. Parlez-moi de ça ! on pourrait vivre ici tout seul, sans devenir absolument un des ermites infernaux.

La vieille femme ouvrit de grands yeux en regardant Marbre, comme si elle ne savait à quelle sauce mettre ce singulier original; et cependant son air était doux et intelligent.

— Je conçois, reprit-elle, que des bateliers préfèrent un autre endroit, parce qu'il n'y a point de taverne ici ; tandis qu'à droite et à gauche il y en a une à deux milles de distance.

— Vous me faites souvenir que nous nous sommes présentés à votre porte un peu cavalièrement, dis-je à mon tour ; mais vous excuserez des marins qui n'ont pas l'intention d'être indiscrets, quoiqu'ils le soient souvent malgré eux en abordant.

— Vous êtes mille fois les bienvenus ; ceux qui savent respecter les vieilles gens et leur parler avec bonté, je suis bien aise de les voir ; pour les autres, je les plains et je leur pardonne. Quand on est arrivé à mon âge, on sent tout le prix d'une bonne parole et d'un accueil cordial ; car on n'a plus longtemps à en espérer de personne, ni à en faire jouir ses semblables.

— Cette disposition si bienveillante pour les

autres vient sans doute de la vie si paisible que vous coulez dans ce charmant endroit... Je suis sûr qu'il y a longtemps que vous habitez cette maison, qui est plus vieille que vous, n'est-il pas vrai?... Peut-être, depuis votre mariage?

— Et bien avant aussi, monsieur. Je suis née dans cette maison, et mon père aussi.

— Voilà qui n'est pas très encourageant pour mon ami, qui s'est pris d'une telle passion pour cette demeure, qu'il voulait l'acquérir. Je vois qu'il fera bien d'y renoncer à présent.

— Votre ami n'a donc point une maison où il demeure avec sa famille?

— Ni maison, ni famille, ma bonne dame, répondit Marbre pour lui-même. Je n'ai jamais eu ni père ni mère à moi connus; ni demeure ni habitation d'aucun genre, autre qu'un navire. Savez-vous bien que je n'ai pas même de nom?

La vieille femme regarda Marbre attentivement. Ce langage brusque, franc et simple à la fois du lieutenant, l'avait singulièrement frappée. Elle continua :

— Ermite! répéta-t-elle avec curiosité; j'ai souvent entendu parler d'ermites; j'ai lu beaucoup d'histoires sur leur compte; mais je ne me les figurais pas du tout comme vous.

— C'est singulier, n'est-ce pas, qu'un homme naisse sans nom?

L'œil de notre hôtesse était toujours brillant et animé, et je n'ai jamais vu de regard plus perçant que celui qu'elle jeta sur Marbre, pendant qu'il débitait sa tirade sentimentale avec ce ton qu'il prenait dans ses accès de misanthropie.

— Et vous êtes né sans nom? demanda-t-elle avec un intérêt marqué.

— Absolument.

— Cela est si extraordinaire, monsieur, ajouta notre hôtesse, que j'aimerais à savoir comment la chose a pu se faire.

— Je suis tout prêt à vous satisfaire, ma bonne dame ; mais, comme un service en mérite un autre, je vous demanderai de répondre d'abord à quelques questions sur la propriété de cette maison, le jardin et le verger. Après votre histoire viendra la mienne.

— Je vois ce que c'est, s'écria la vieille femme alarmée. Vous êtes envoyés ici par M. Van Tassel, pour prendre des informations au sujet de la dette hypothécaire, et pour savoir si elle sera payée ou non.

— Nous ne sommes envoyés ici par personne, ma bonne dame, dis-je en m'interposant ; car l'anxiété qui se peignait dans tous les traits de la pauvre femme me faisait vraiment peine ; nous sommes ce que vous voyez, des marins qui sont venus à terre pour se dégourdir un peu les jambes, et qui n'ont jamais entendu parler de M. Van Tassel, ni d'argent, ni d'hypothèques.

— Ah ! le ciel en soit béni ! s'écria la vieille femme en cherchant à se soulager par un profond soupir. L'écuyer Van Tassel est un rude homme, et ce n'est pas une pauvre veuve, qui n'a pour tous parents auprès d'elle qu'une petite-fille de seize ans à peine, qui peut lutter contre lui. Mon pauvre vieil homme a toujours soutenu que l'argent avait été payé ; mais maintenant il n'est plus là. L'écuyer Van Tassel présente l'acte, et dit : « Prouvez seulement que la somme a été payée, et je ne demande plus rien ».

— Ma chère dame, lui dis-je, tout ceci est si étrange, que vous n'avez qu'à nous mettre au courant de l'affaire, et vous aurez un défenseur de plus que votre petite-fille. Il est vrai que je suis un étranger pour vous, et que le hasard seul m'a conduit ici ; mais la Providence permet souvent de ces interventions mystérieuses, qu'elle dirige elle-même, et j'ai un secret pressentiment que nous pourrons vous être utiles. Racontez-nous donc vos peines, et je vous promets que vous serez entourée des meilleurs avis judiciaires, si votre position l'exige.

La vieille femme parut éprouver quelque embarras, mais en même temps une vive reconnaissance. Il y a un langage auquel on ne peut se méprendre, et qui, partant du cœur, va frapper droit au cœur. Mon offre était sincère, et cette sincérité porta ses fruits ordinaires : on me crut ; et, après avoir essuyé une ou deux larmes qui humectaient sa paupière, notre hôtesse me répondit avec la même franchise que j'avais montrée en lui offrant mon appui.

— Vous ne ressemblez guère aux gens de l'écuyer Van Tassel ; car, à les entendre, il semble que tout ce qui est ici leur appartienne déjà. De ma vie je n'ai vu de semblables harpies... Je puis me fier à vous ?

— En toute assurance, chère dame, s'écria Marbre en lui serrant cordialement la main. J'ai pris cette affaire à cœur ; car j'avais une demi-envie, à la première vue, de devenir moi-même propriétaire de ce petit paradis, par une acquisition loyale, entendons-nous bien, et non par aucune des ruses infernales de vos requins de terre. Cela étant, vous pensez bien que je ne suis nullement tenté d'en céder la possession à ce M. Tassel.

— Il me serait presque aussi pénible de vendre ce bien, répondit la vieille femme, tandis que l'expression de sa figure contristée confirmait ce qu'elle disait, que de me le voir ravi par des fripons. Je vous ai dit que mon père était né dans cette maison ; j'étais sa fille unique, et quand Dieu l'appela à lui, ce qui arriva douze ans après mon mariage, la petite ferme me revint naturellement. Elle aurait été à moi dès ce moment, sans aucune charge ni aucune restriction quelconque, sans une faute commise dans ma première jeunesse. Ah! mes amis, c'est une grande illusion de faire mal, et de croire pouvoir se soustraire aux conséquences.

— Le mal que vous avez fait, ma bonne dame, reprit Marbre, s'efforçant de consoler la pauvre créature, dont les larmes commençaient alors à couler abondamment, le mal que vous avez fait ne saurait être grand'chose. S'il s'agissait d'un loup-garou tel que moi, ou même de Miles que voici, qui est une espèce de saint de mer, il pourrait y avoir encore de quoi faire un petit compte assez raisonnable; mais, sur le grand livre que votre conscience tient au courant, je parierais que la page de l'actif est toute pleine, et qu'au passif il n'y a que zéro.

— C'est ce qui n'arrive à personne sur la terre, mon jeune ami, — Marbre était jeune en comparaison de sa compagne, quoiqu'il eût cinquante ans bien sonnés. — Ma faute ne fut rien moins que de violer un des commandements de Dieu.

Mon lieutenant ne laissa pas que d'être étonné de cet aveu ingénu; car, pour lui, violer les commandements, c'était tuer, voler, ou blasphémer. Les autres péchés défendus par le Décalogue, il en était venu par l'habitude à ne les regarder que comme des misères.

— Je pense qu'il y a ici quelque méprise, chère dame, dit-il, comme pour la consoler ; vous avez pu tomber dans quelques petites peccadilles, mais cette violation des commandements est quelque chose de sérieux.

— Et pourtant j'ai violé le quatrième. J'ai omis d'honorer mon père et ma mère ; néanmoins le Seigneur a été miséricordieux, puisqu'il m'a laissée si longtemps sur la terre ; mais c'est l'effet de sa bonté, mais non d'aucun mérite de ma part.

— N'est-ce pas une preuve que l'erreur a été pardonnée ? m'aventurai-je à dire ; si le repentir peut acheter la tranquillité d'esprit, je suis sûr que ce soulagement ne vous a pas manqué.

— Qui sait ? Je crois que cette malheureuse hypothèque, et le danger que je cours de n'avoir bientôt plus un toit pour abriter ma tête, proviennent de ce seul acte de désobéissance. J'ai été mère moi-même, et je le suis encore, ma petite-fille m'est aussi chère que me l'était sa mère bien-aimée ; et c'est surtout quand nous avons des enfants, quand nous éprouvons par expérience que les affections descendent plus qu'elles ne remontent, que nous comprenons tout le prix de ce commandement.

— Ne croyez pas, repris-je, que je cède à une indiscrète curiosité, en vous demandant de me faire connaître vos peines ; c'est parce que j'ai l'espoir de les soulager que j'insiste encore, et je ne trahirai pas votre confiance.

La vieille femme me regarda de nouveau fixement à travers ses lunettes.

— Vous aurez de la patience pour la pauvre vieille, dit-elle, et vous l'écouterez jusqu'au bout, n'est-ce pas ? Je ne suis pas d'un âge où il prenne envie de tromper personne. Les jours sont comptés, quand on n'a plus que des cheveux blancs ; et, n'était Kitty, je verrais arriver le coup fatal sans grande peine. Vous saurez que nous sommes Hollandais d'origine, descendant de la colonie primitive, et que nous nous nommions Van Duzers. Un jeune homme, Yankee de naissance, vint s'établir parmi nous, comme maître d'école, quand je n'avais que quinze ans. Nos compatriotes voulaient que leurs enfants apprissent tous à lire l'anglais ; car ils avaient éprouvé combien il est désavantageux de ne connaître ni la langue de ses chefs, ni leurs lois. Je fus envoyée à l'école de George Wetmore, comme presque tous les autres enfants du voisinage, et j'y allai pendant trois ans.

— Nous commençons à voir la terre ! s'écria Marbre. Le maître en apprit plus à son élève qu'il n'y en avait dans le syllabaire ou dans le catéchisme.

— Oui, et c'est ce qui mit si fort mes parents en colère quand George demanda à m'épouser.

— Voyons, comment les vieux reçurent-ils cette ouverture ? comme de bons parents sans doute, qui ne veulent que le bonheur de leur enfant ?

— Dites plutôt comme des enfants de la Hollande, qui écoutent leurs préjugés contre les enfants de la Nouvelle-Angleterre. Ils ne voulurent pas en entendre parler, et ils voulurent me faire épouser mon propre cousin, Petrus Storm, qui n'était pas fort aimé, même dans sa famille.

— Et je vois que vous avez jeté l'ancre, et déclaré que vous ne quitteriez pas le mouillage paternel.

— Je fis toute autre chose. J'épousai George secrètement, et il continua à tenir l'école encore pendant un an, quoique la plupart des jeunes filles lui fussent retirées l'une après l'autre.

— Oui, oui, connu ! on ferma la porte de l'écurie après que le cheval avait été volé. Enfin, vous voilà mariée, ma bonne vieille.

— Au bout d'un certain temps, il me fallut aller visiter une parente qui demeurait un peu plus bas sur les bords du fleuve. Ce fut là que j'accouchai de mon premier enfant, à l'insu de mes parents; et George le confia à une pauvre femme qui venait de perdre le sien; car nous craignions encore que notre secret ne fût découvert. C'est alors que commença le châtiment pour avoir violé le saint précepte.

— Comment cela, Miles? demanda Moïse. Est-ce qu'il y a un précepte qui défend à une femme mariée d'avoir un fils?

— Vous voyez bien, mon ami, que ce que cette bonne femme se reproche, c'est de s'être mariée contre le gré de ses parents.

— Assurément, et j'en ai été bien punie. Quelques semaines après, je revins à la maison, et j'y reçus bientôt la triste nouvelle de la mort de mon premier-né. Dans l'accès de ma douleur, mon secret m'échappa, et la nature parla si haut dans le cœur de mes pauvres parents, qu'ils pardonnèrent tout, firent venir George auprès d'eux, et le traitèrent toujours depuis lors comme s'il eût été leur propre fils. Mais il était trop tard; si la réconciliation eût eu lieu seulement quelques semaines plus tôt, mon cher enfant vivrait encore.

— Comment cela, puisqu'il était déjà mort?

— Je le croyais. Mais la misérable à qui George l'avait confié l'avait exposé parmi des étrangers, pour s'épargner tout embarras et s'assurer les vingt dollars qui lui avaient été donnés, sans avoir aucune dépense à faire.

— Arrêtez! m'écriai-je. Au nom du ciel, ma bonne dame, en quelle année cela s'est-il passé?

Marbre me regarda tout étonné, quoiqu'il commençât à entrevoir vaguement le but de ma question.

— C'était au mois de juin 17... Pendant trente longues années, je crus que mon enfant était mort effectivement; puis alors le cri involontaire de la conscience me révéla la vérité. La malheureuse n'eut pas le courage d'emporter avec elle son secret dans la tombe; elle me fit appeler et me révéla tout.

— Qu'elle avait déposé l'enfant dans un panier, sur une pierre tumulaire, dans un atelier de marbrier, à New-York? dis-je avec toute la rapidité dont j'étais capable.

— Oui vraiment! Comment un étranger peut-il connaître si bien tous ces détails? qu'est-ce que la Providence me réserve encore?

Marbre poussa un profond soupir. Il se cacha la figure dans les deux mains, pendant que la pauvre femme nous regardait alternativement l'un et l'autre, dans l'attente de ce qui allait suivre. Je ne pouvais la laisser plus longtemps dans l'incertitude; mais, la préparant par degrés, je lui appris que l'homme qui était devant elle était son fils. Après un demi-siècle de séparation, la mère et l'enfant se trouvaient ainsi réunis par l'intervention d'une inscrutable Providence.

Le lecteur se figure aisément les explications qui suivirent. Toutes les circonstances se rapportaient trop exactement pour qu'il pût rester l'ombre même d'un doute. Mistress Wetmore, à l'aide des renseignements fournis par la nourrice infidèle, avait pu suivre la trace de son enfant jusqu'à la maison de charité ; mais elle n'avait pu savoir sous quel nom il en était sorti. La révolution finissait au moment où elle prit ses informations, et il paraît que quelques registres s'étaient égarés. Cependant on interrogea de tous les côtés ; on rapprocha les renseignements et les conjectures ; le mari et la femme n'épargnèrent ni l'argent ni les démarches.

Tout fut longtemps inutile. Enfin on découvrit une vieille surveillante qui prétendait savoir toute l'histoire de l'enfant apporté de l'atelier d'un marbrier. Cette femme sans doute était honnête, mais sa mémoire l'avait trompée. Elle dit que l'enfant avait été appelé Pierre, au lieu de Marbre, méprise assez naturelle, d'autant plus qu'un enfant de ce nom avait quitté la maison peu de mois auparavant. On se mit à la

4

piste de ce Pierre. Il avait été d'abord placé comme apprenti chez un marchand ; puis il était entré dans un régiment d'infanterie de l'armée britannique, qui avait accompagné le reste des troupes, lors de l'évacuation, le 25 novembre 1783.

Les Wetmore s'imaginèrent que pour le coup ils étaient sur la trace de leur enfant ; il était infailliblement en Angleterre, portant toujours la livrée du roi. Après une longue consultation entre les parents inconsolables, il fut décidé que George Wetmore partirait pour Londres pour continuer ses recherches. Mais à cette époque, l'argent était rare. Ces braves gens trouvaient bien moyen de vivre honorablement du produit de leur petite ferme, mais ils n'étaient pas riches en argent comptant. Tout ce qu'ils en possédaient était passé dans les recherches antérieures, et même une petite dette avait dû être contractée à cette occasion. Il ne restait donc d'autre alternative que d'emprunter en donnant la ferme pour hypothèque. Il en coûtait beaucoup, mais que ne ferait pas un père pour son enfant ?

Un agent d'affaires, nommé Van Tassel, se montra tout disposé à avancer cinq cents dollars sur un bien qui en valait au moins trois mille. Cet homme faisait partie de cette classe odieuse d'usuriers de province qui s'abattent sur les malheureux comme d'avides oiseaux de proie pour en exprimer toute la substance. On ne saurait croire avec quelle patience infatigable ces misérables attendent le moment propice pour faire ce qu'ils appellent un bon coup. Ce Van Tassel avait des motifs particuliers pour convoiter la petite ferme de mistress Wetmore, sans parler de sa valeur intrinsèque ; et pendant des années il se montra d'une douceur et d'une longanimité à toute épreuve. Il laissa s'accumuler les intérêts jusqu'à ce que la dette s'élevât à la somme totale de mille dollars. Pendant ce temps le père était allé en Angleterre ; à force de soins et de frais, il avait retrouvé le soldat, uniquement pour acquérir la certitude que Pierre connaissait parfaitement ses parents, et en attendant, il avait dépensé tout son argent.

Des années d'anxiété et de détresse suivirent, et le père succomba graduellement sous le poids de ses infortunes. Une fille unique, qui elle-même avait perdu son mari, le suivit de près au tombeau, léguant la petite Kitty à la pauvre veuve. C'était ainsi que Catherine Van Duzer, notre vieille hôtesse, était restée presque seule au déclin de la vie pour lutter contre la pauvreté.

Cependant, peu de mois avant sa mort, George avait réussi à vendre quelques terres dépendant de la ferme, et avec le produit de la vente, il avait remboursé Van Tassel. Il avait même montré la quittance à sa femme. C'était peu de temps avant sa dernière maladie. Un an après, on conseilla à la veuve de demander la mainlevée de l'hypothèque; mais il fallait représenter la quittance, et elle ne put jamais se retrouver.

Dans son ignorance complète des affaires, la pauvre femme ne s'en occupa plus. Lorsque, plus tard, il fallut cependant revenir à la charge, on lui répondit en lui demandant de fournir la preuve qu'elle avait payé. Ce fut le commencement de l'attitude hostile de Van Tassel; depuis lors il avait poursuivi ses démarches, et la vente du bien était même affichée depuis quelques jours, quand mistress Wetmore retrouva si à propos son fils.

CHAPITRE XIV

L'usurier

Il n'est pas facile de dépeindre l'effet immédiat que produisit cette découverte sur les parties intéressées. Mistress Wetmore se représentait toujours son fils comme un petit enfant au ber-

ceau, souriant à sa mère ; et elle avait devant les
yeux un loup de mer à la face rubiconde, aux
traits durs, aux manières grossières, qui était
déjà d'un âge plus que mûr. Elle n'avait pu
apprécier encore ses bonnes qualités, et elle était
obligée d'accepter ce bienfait de la Providence
tel qu'il lui était offert. Néanmoins l'amour d'une
mère ne se refroidit pas aisément, et je ne tardai
pas à voir la vieille femme fixer les yeux sur
Marbre avec une expression d'intérêt et de tendresse qu'ils n'avaient certainement pas avant
les révélations.

Pour le lieutenant, à présent que le plus ardent
désir de sa vie se trouvait si inopinément
réalisé, il était tellement pris à l'improviste qu'il
en restait tout ébahi. Sa mère se trouvait être
une veuve respectable, d'une position égale à la
sienne, en possession d'un bien peu considérable
il est vrai, et grevé d'hypothèque, mais enfin
qui était depuis longtemps dans la famille. Le
fait est que Marbre, remué profondément par cet
appel imprévu fait aux sentiments les plus tendres de son cœur, et honteux d'y céder, se roi-
dissait contre son émotion de toutes ses forces.

Je voyais qu'il était content de sa mère, tandis qu'il n'était guère content de lui-même ; et
lorsque toutes les explications furent terminées,
que la mère eut donné un libre cours à ses lar-

mes et béni son enfant, pour donner à Marbre le temps de se remettre, — car je voyais qu'il étouffait, — je lui dis d'aller jeter un coup d'œil sur le canot, et je restai seul avec mistress Wetmore.

Je profitai de cette occasion pour lui expliquer mes rapports avec Marbre, et lui tracer en peu de mots l'historique de sa vie et de son caractère, laissant dans l'ombre les côtés faibles et faisant ressortir au contraire les parties brillantes. Je la tranquillisai en même temps au sujet de la ferme; puisque, en mettant les choses au pire, son fils avait deux fois plus d'argent qu'il n'en fallait pour la dégager.

— C'est pour lui que la dette a été contractée, ma chère mistress Wetmore, et il sera heureux de l'acquitter. C'est ce que je l'engagerai à faire sans plus attendre. Si jamais la quittance se retrouve, il faudra bien que ce Van Tassel rende gorge; car quoique la loi ferme les yeux sur bien des griefs, celui-ci est trop criant pour ne pas être redressé, pourvu que vous puissiez être en règle. Je chargerai Moïse...

— Son nom est Oloff, ou Olivier, interrompit vivement la vieille dame; c'était le nom de mon père, et je le lui donnai en le faisant baptiser, avant de le confier à la nourrice, dans l'espoir que son grand-père pourrait le voir d'un œil plus favorable, quand il viendrait à apprendre mon mariage. Oloff Van Duzer Wetmore est son vrai nom.

Je ne pus m'empêcher de sourire en me figurant Marbre naviguant sous cette kirielle de dénominations formidables, et j'allais proposer un compromis, quand mon ami rentra. Marbre avait repris son sang-froid pendant la demi-heure qu'avait duré son absence; et je vis au regard bienveillant qu'il jeta sur sa mère, qui le lui rendit avec le plus tendre empressement, que les choses allaient aussi bien que je pouvais le désirer; et pour éviter qu'un nouvel accès de sensibilité ne fît renaître l'embarras qu'ils avaient éprouvé auparavant, je repris la conversation.

— Nous parlions de votre vrai nom, Moïse, au moment où vous entriez. Vous sentez bien qu'il ne conviendrait pas que vos amis vous appelassent d'un nom, et votre mère d'un autre. Il vaut mieux laisser là Moïse Marbre tout d'un coup.

— Si j'en fais rien, je veux bien être...

— Chut! vous oubliez où vous êtes et en présence de qui vous vous trouvez.

— J'espère que mon fils apprendra bientôt qu'il est toujours en présence de Dieu, dit la mère d'un ton de reproche.

— Oui, oui, mère, c'est à merveille, et sous ce

rapport-là, vous ferez de moi tout ce que vous voudrez ; mais quant à ne pas être Moïse Marbre, voyez-vous, autant vaudrait me dire de n'être plus moi-même. On ne peut pas changer de nom comme de chemise, et le mien a été assez dur à trouver pour que je n'aime pas à m'en séparer. Non, non, on me dirait tout à l'heure que j'ai pour parents un roi et une reine et que je vais leur succéder sur le trône : « je veux bien, m'écrierais-je ; mais alors je serai le roi Moïse Marbre Ier ».

— Vous réfléchirez encore, et vous vous rendrez à nos désirs.

— Voulez-vous que je vous dise, mère ! et c'est un moyen de mettre tout le monde d'accord, je coudrai le vieux nom au premier, et tout cela formera le pavillon sous lequel je naviguerai.

— Peu m'importe de quel nom on vous appelle, mon fils, pourvu que personne n'ait à rougir du nom que vous portez. Ce monsieur me dit que vous êtes un homme honnête et plein de cœur ; et c'est ce dont je ne cesserai de remercier Dieu.

— Ah ! Miles a donc entonné mon éloge ? Prenez garde, mère, je vous préviens qu'il a une langue joliment pendue ! La nature l'avait destiné à être avocat, mais le hasard en a fait un marin, et un fameux marin, je vous en réponds. Mais quel doit être mon nom, suivant la loi ?

— Oloff Van Duzer Wetmore Moïse Marbre, suivant votre expédient de réunir tous vos noms ensemble ; ou bien changeant d'amures, Moïse Oloff Marbre Van Duzer Wetmore, si vous l'aimez mieux.

Moïse se mit à rire ; et comme je vis, à la disposition d'esprit dans laquelle il se trouvait, qu'il n'y avait aucun inconvénient à le laisser avec sa mère, et qu'il ne restait plus qu'une heure ou deux avant le coucher du soleil, je me levai.

— Vous pouvez, Marbre, lui dis-je, rester ici cette nuit avec votre mère. Je vais tenir le sloop à l'ancre jusqu'à demain matin, et, quand vous reviendrez, nous aviserons, à tête reposée, aux arrangements à prendre pour l'avenir.

— Je ne vais pas perdre mon fils sitôt après l'avoir retrouvé ? demanda la vieille femme avec inquiétude.

— Soyez donc tranquille, mère, puisque je reste ici ce soir. Allez, vous m'aurez avec vous plus que vous ne voudrez, et vous ne serez pas fâchée de vous débarrasser de moi à la fin.

Je quittai alors la maison, et, suivi de Marbre, je me dirigeai vers le canot. J'en étais à moitié chemin, quand j'entendis derrière moi une sorte de sanglot étouffé ; je me retournai, et je vis mon lieutenant dont les joues brûlées par le soleil étaient sillonnées par de grosses larmes. Son émotion, si longtemps contenue, avait fini par déborder, et cette rude mais honnête nature n'avait pu résister à l'influence de tant de sentiments divers. Je lui pris la main, je la serrai, sans rien dire ; mais je m'arrêtai, ne voulant pas rejoindre Neb avant d'avoir donné à mon compagnon le temps de reprendre son sang-froid. Au bout d'une minute ou deux, Marbre fut le premier à me parler.

— C'est comme un rêve, Miles, murmura-t-il enfin.

— Vous vous y ferez, Marbre, et vous verrez qu'il n'est rien de plus naturel.

— Dire que je suis un fils, et que j'ai une véritable mère vivante !

— Vous saviez bien que vous aviez eu des parents, et c'est un grand bonheur à votre âge d'avoir encore sa mère !

— Et c'est une brave et honnête femme, dont ni le président des Etats-Unis ni le premier commodore de la marine de la république ne rougiraient, au moins !

— Eh bien ! tout cela n'est-il pas heureux ?

— C'est qu'elle a une excellente mine, ma mère, par-dessus le marché. Je vais la faire habiller des pieds à la tête, et je la conduirai à la ville à la première occusion.

— Et pourquoi faire voyager ainsi cette chère femme?... Mais nous parlerons de tout cela plus amplement demain matin. Une bonne nuit de repos nous calmera un peu la tête.

— Je ne dormirai pas une seule minute. Non, non, j'aurai fait ses paquets avant le déjeuner, et je la conduirai à bord du sloop. Je suis sûr qu'elle s'y trouvera comme un poisson dans l'eau, et il n'est nullement dit que je ne l'emmènerai pas ensuite dans mes grands voyages.

— Allons donc! maintenant que vous avez une maison, une mère, et d'autres devoirs à remplir, vous resterez tranquillement chez vous... Et puis il y a cette affaire de M. Van Tassel à arranger; vous pouvez en avoir pour dix bonnes années de procès, pour vous distraire.

— J'en aurai bientôt fini avec le drôle, quand il me tombera sous la main... Vous avez raison, Miles. Il faut que cette affaire soit terminée avant que je lève l'ancre. Ma mère dit qu'il demeure tout près d'ici. Je vais, ce soir même, aller lui dire deux mots.

Cette déclaration me donna à réfléchir. Je connaissais Marbre trop bien pour ne pas craindre qu'il ne fît quelque coup de tête s'il était abandonné à lui-même dans une négociation de cette nature, et je crus devoir revenir sur mes pas pour prendre de nouveaux renseignements. Mistress Wetmore me confirma ce que son fils m'avait dit; et comme le seul valet de ferme qu'elle employât était occupé à atteler le cheval à un vieux cabriolet pour aller chercher Kitty, qui était à peu de distance chez quelques amies, j'offris de partir à sa place afin de pousser en même temps jusque chez l'homme d'affaires. Je pris l'affiche de la vente pour la lire en route, et je partis avec Marbre.

Il nous restait encore assez de temps pour cette petite excursion. Il est vrai que le cheval était comme la maison, comme la maîtresse, comme le valet de ferme, comme la voiture, comme tout ce que nous avions vu à Willow Cove (l'Anse des Saules) — c'était le nom de l'endroit, — il était vieux; il n'allait donc pas vite, mais du moins il avait le pied sûr. Nous avions d'abord à gravir un ravin, ce dont la pauvre bête ne s'acquitta pas trop mal, et le paysan nous accompagna à pied jusqu'à ce que nous fussions en haut du chemin, pour nous indiquer la route.

Le guide nous indiqua la maison de Van Tassel, et une autre où nous devions trouver Kitty. Le cheval n'était pas vif, et Marbre et moi nous eûmes tout le temps de préparer nos batteries

avant d'arriver au terme de notre destination.
Après un débat assez animé, je parvins à con-
vaincre mon compagnon que ce ne serait pas le
parti le plus sage de commencer par rosser d'importance l'homme d'affaires, ce qui lui semblait
le début à la fois le plus simple et le plus convenable. Il fut arrêté, par exemple, qu'il se pré-
senterait comme le fils de mistress Wetmore,
titre qui lui donnait le droit de demander toutes
espèces d'explications.

— Je vois d'ici ce que doivent être ces usuriers, comme vous les appelez, Miles, dit Moïse;
c'est quelque chose comme les prêteurs sur
gages, n'est-ce pas? En voilà qui pressurent les
pauvres marins, et j'en sais quelque chose pour
avoir eu une fois affaire à eux! oui, oui, je dé-
buterai par intimer au vieux coquin que je suis
Van Duzer Oloff Marbre Wetmore Moïse, il choi-
sira le nom qu'il voudra, et je soutiendrai mes
droits d'une manière qui l'étonnera. Mais vous,
que ferez-vous pendant ce temps?

Je réfléchis que si je pouvais amener Marbre à
employer une sorte de stratagème, il en résulte-
rait ce bon effet qu'il n'aurait pas recours aux
voies de fait, vers lesquelles je ne le voyais que
trop pencher, et que je redoutais un peu. Voici
donc ce que j'imaginai.

— Vous me présenterez, lui dis-je, sous le

nom de M. Miles Wallingford, mais avec une certaine solennité, de manière à laisser croire à ce M. Van Tassel que je suis une espèce d'avocat ; cela pourra le tenir en respect et l'amener plus facilement à composition. Ne dites pas que je suis avocat, ce serait mentir ; et puis il serait trop honteux ensuite d'être obligé de se rétracter, quand la vérité viendrait à être connue.

Marbre saisit la balle au bond, et cette idée lui sourit beaucoup.

La maison de Van Tassel était une des plus belles de cette partie du pays. Nous frappâmes, on nous ouvrit, et nous fûmes introduits sans difficulté dans le cabinet de l'homme d'affaires.

L'écuyer Van Tassel, comme on l'appelait généralement, braqua sur nous deux yeux perçants, dès que nous entrâmes, sans doute pour reconnaître si nous étions des emprunteurs. Je devais pour mon compte en avoir assez la mine, car j'étais grave et préoccupé ; mais, pour Moïse, j'aurais défié personne de s'y tromper un seul instant. Il avait plutôt l'air de quelque messager infernal envoyé par le Père du Péché pour demander le paiement d'une certaine obligation tracée en lettres de sang, dont le jour fatal d'échéance serait arrivé. Je fus obligé de le tirer par le pan de son habit, pour lui rappeler nos conventions ; autrement il commençait par une

bordée qui eût été à coup sûr de toute autre
chose que de paroles. Il me comprit, et il permit
à notre hôte d'entrer le premier en matière.

L'écuyer Van Tassel avait un extérieur très
misérable : on eût été tenté de croire qu'il se
laissait mourir de faim, quoique celte apparence
tînt plutôt à de certaines habitudes de maintien
qu'il avait prises. Il portait des lunettes, et il
était dans l'usage de regarder, pardessus, les
objets éloignés, ce qui lui donnait encore l'air
plus défiant. Il était petit et pouvait avoir
soixante ans, âge où l'accumulation de l'argent
cause plus de peine que de plaisir, parce qu'on
voit de trop près le terme où il faudra s'en séparer. Et pourtant, de toutes les passions, l'ava-
rice est celle qui quitte la dernière le cœur de
l'homme.

— Votre serviteur, messieurs, commença
l'homme d'affaires d'une manière assez civile ;
votre serviteur ; asseyons-nous, s'il vous plaît...
Une belle soirée, n'est-ce pas ? — Et il nous con-
sidérait encore plus attentivement par-dessus ses
lunettes. — Voilà un temps excellent pour les
biens de la terre. Si la guerre continue encore
longtemps — nouveau jeu des yeux et des lunettes — nous vendrons toute la substance de
nos terres, à force d'envoyer du blé aux nations
belligérantes. Savez-vous bien que les hypo-

thèques perdent beaucoup de leur valeur aujourd'hui, et que nous ne sommes pas au bout de leur dépréciation?

— Oui, vous pouvez le dire, répondit Marbre effrontément; surtout celles qui portent sur les fermes de veuves et d'orphelins.

L'écuyer fut un peu surpris de cette repartie inattendue; il nous considéra l'un après l'autre, puis d'un ton moitié poli, moitié impérieux, il me dit :

— Puis-je demander vos noms et l'objet de cette visite?

— A coup sûr, dit Marbre, vous en avez le droit, et c'est de toute justice; nous ne rougissons ni de nos noms, ni du but qui nous amène. Quant à celui-ci, vous ne le connaîtrez que trop tôt, je vous en réponds. Mais pour commencer par le commencement, cette personne qui m'accompagne est M. Miles Wallingford, ami intime de mistress Wetmore, cette vieille dame qui demeure en bas de la route, dans une ferme appelée Willow Cove. L'écuyer Wallingford est son ami, monsieur, et mon ami en même temps, et j'ai grand plaisir à vous faire faire sa connaissance.

— Je suis heureux de voir monsieur, répondit Van Tassel en me dévisageant de nouveau, tandis qu'il jetait un coup d'œil oblique sur une liste alphabétique d'avocats pour voir s'il y trouvait mon nom... très heureux de voir monsieur, qui sans doute est depuis peu de temps dans les affaires, à en juger d'après son âge.

— Il y a commencement à tout, monsieur Van Tassel, répondis-je avec un sang-froid que le vieil usurier n'aimait pas, je crois, à me voir.

— C'est très vrai, monsieur, et je souhaite que vos succès au barreau soient aussi grands que votre entrée y a été récente. Votre compagnon a l'air d'un marin plus que d'un avocat. Je présume qu'il n'est pas en activité de service?

— C'est ce qui reste à voir, monsieur, répondit Marbre. A présent que je vous ai dit le nom de mon ami, je vais vous apprendre qui je suis. On m'appelle Moïse Marbre Wetmore Van Duzer Oloff, ou quelque chose d'approchant, monsieur, et vous êtes libre de choisir dans la liste le nom qui vous conviendra le mieux. Quelque nom que vous appeliez, je répondrai toujours : « Présent ! »

— C'est un langage auquel vous conviendrez, messieurs, qu'il est difficile de comprendre quelque chose. Votre visite a-t-elle quelque rapport à mistress Wetmore, à sa ferme, ou à l'hypothèque dont elle est frappée?

— Oui, monsieur, et je suis le fils de cette mistress Wetmore... son fils, monsieur, son fils unique à cette bonne chère âme.

— Le fils de mistress Wetmore! s'écria Van

Tassel en cachant mal sa surprise et son inquié- tude. Je savais bien qu'elle avait eu un fils, mais j'ai toujours entendu dire qu'il avait été impos- sible de le découvrir. Je ne vois pas, monsieur, que vous ressembliez en aucune manière, ni à George Wetmore, ni à Catherine Van Duzer.

Cette allégation n'était pas exacte. Ceux qui avaient connu George déclarèrent ensuite que Moïse lui ressemblait beaucoup ; et quant à moi, je retrouvais quelque chose de l'expression de la figure de sa mère dans la bouche et dans quel- ques-uns des traits de mon lieutenant.

— Je ne leur ressemble pas ! répéta Marbre du ton d'un homme qui est prêt à chercher que- relle à la moindre provocation ; et comment vou- lez-vous que je ressemble à quelqu'un, après la vie que j'ai menée ? D'abord je fus éloigné de ma mère dix jours après ma naissance ; puis, déposé sur une pierre tumulaire par voie d'encourage- ment ; après quoi on m'envoya aux Enfants- Trouvés. A dix ans, je prends mes jambes à mon cou, et je m'embarque ; je suis successivement mousse, matelot, lieutenant, patron, que sais-je ? je suis même un infernal ermite ; et si vous me trouvez quelqu'un qui, après tout cela, ressemble encore à une créature humaine, celui-là peut se vanter d'avoir une figure qui ne change pas plus que celles qu'on voit sur nos monnaies.

— Tout cela, monsieur Wallingford, est si peu intelligible pour moi, que je vous demanderai de me l'expliquer.

— J'ajouterai seulement, monsieur, que, d'après les données que j'ai recueillies, il n'y a pas un mot, dans ce que vous venez d'entendre, qui ne soit strictement vrai. Je suis convaincu que nous avons devant les yeux Oloff Van Duzer Wetmore, le seul enfant vivant de George Wetmore et de Catherine Van Duzer. Il est venu vous voir au sujet de prétentions qu'on dit que vous élevez sur la ferme que sa mère a héritée de ses parents.

— Qu'on dit que j'élève! J'ai bien certainement entre les mains l'obligation de George Wetmore, avec une bonne hypothèque consentie par sa femme, laquelle obligation monte avec les intérêts et les frais à la somme de 963 dollars; et je vais faire procéder à la vente, conformément à la loi. J'ai déjà accordé une remise, pour obliger la veuve; car on a des entrailles, et il en coûte de presser trop une femme seule et âgée; mais pourtant il faut bien finir par rentrer dans son argent. Vous savez, monsieur, que je perds l'intérêt des intérêts, et qu'il faut que je me contente de ce que la loi m'accordera. C'est assez dur dans des temps d'activité comme ceux-ci où il ne se passe pas un jour qu'il ne se présente une occasion d'escompter du papier excellent. Le commerce a pris un tel essor, monsieur Wallingford, qu'il y a des hommes qui vendraient presque leur âme pour de l'argent.

— Oui, je crois qu'il y en a en effet qui en sont capables. Mais il paraîtrait que George Wetmore a remboursé la somme intégralement.

— Vous oubliez donc, monsieur, que l'obligation hypothécaire est toujours entre mes mains. Vous êtes homme d'affaires, et vous devez connaître la valeur de simples commérages et le danger d'y attacher trop d'importance. George Wetmore n'était pas un imbécile ; il n'était pas homme à payer sans reprendre l'acte, ou tout au moins sans se faire donner une quittance ; encore moins à laisser subsister une hypothèque, quand il eût été si simple d'en obtenir la radiation.

— Je suis informé qu'il reçut en effet votre quittance, mais on présume qu'il la perdit avec son portefeuille, qui tomba sans doute de la poche de son habit, le jour même où il revint du tribunal où il avait eu rendez-vous avec vous, et où il assura qu'il vous avait remis l'argent, pour que les intérêts ne courussent pas plus longtemps.

— Voilà un conte bien puéril, et vous ne supposez pas que le chancelier s'en contentera, quand il ne repose que sur un *ouï-dire* rapporté par la partie intéressée à conserver le bien. Vous savez, monsieur, que la vente ne peut être arrêtée que par une injonction de la Cour de la Chancellerie.

Certes, je n'étais pas un grand légiste; mais, comme tout Américain, je connaissais cette branche de la jurisprudence du pays, qui se rattachait à mes intérêts. Comme propriétaire, je n'étais pas sans avoir une légère teinture de la loi qui régissait les immeubles, ni de la manière dont les choses se passaient dans la Cour de la Chancellerie, celui de tous les tribunaux où l'on recherchait avec le plus de soin la vérité. Une idée heureuse se présenta tout à coup à mon esprit, et je m'en servis sur-le-champ.

— Je conçois, monsieur, répondis-je, qu'un juge prudent hésite à s'en rapporter au simple témoignage de mistress Wetmore attestant qu'elle a entendu dire à son mari qu'il avait payé l'argent; mais rappelez-vous qu'elle peut déférer le serment à la partie adverse. Et je crois que nous tous nous serions mieux édifiés dans cette affaire si vous prêtiez serment que la somme n'a jamais été payée.

Le coup porta. Depuis ce moment je n'eus pas le moindre doute que Wetmore n'eût versé l'argent, et que Van Tassel ne se le rappelât parfaitement. Je le lisais dans la figure altérée de l'usu-

rier et dans son regard détourné. Si ce n'était
pas une preuve suffisante pour une cour de justice, c'était assez du moins pour activer mon zèle
et me décider à prendre sérieusement en mains
cette affaire. J'attendis la réponse de Van Tassel,
en épiant ses moindres mouvements avec une
attention qui, évidemment, l'embarrassait beaucoup.

— Catherine Wetmore et moi, dit-il, nous de-
meurions porte à porte dans notre enfance, et
cette malheureuse hypothèque m'a causé plus
d'ennui que tout le reste de mes petites pro-
priétés. J'y ai mis tous les ménagements pos-
sibles, et j'ai attendu bien longtemps sans faire
valoir mes droits. Mais que faire? Après vingt
ans, il y aurait présomption de paiement, et je
ne pourrais plus rien réclamer. Néanmoins, nous
sommes des amis d'enfance, comme je vous le
disais, et plutôt que de pousser les choses à l'extrême, je consentirais volontiers à une sorte de
compromis.

— Et, dans vos idées de justice, monsieur
Van Tassel, quelles seraient les bases de ce compromis?

— Ecoutez, monsieur: Catherine est vieille, et
il serait vraiment cruel de lui faire quitter le toit
sous lequel elle est née. Je l'ai toujours pensé, et
je le dis avec conviction aujourd'hui. Pourtant je

ne puis renoncer à ce qui m'appartient sans compensation, quoique je sois tout disposé à attendre. J'ai dit à mistress Wetmore, avant d'afficher la vente, que si elle voulait signer une nouvelle obligation, qui comprendrait tous les intérêts dus, je serais prêt à lui accorder du temps. Maintenant je propose, comme la manière la plus simple d'arranger l'affaire, de lui laisser, sa vie durant, la jouissance de la ferme, pourvu qu'elle se désiste bien et dûment de tout droit sur la propriété.

Marbre lui-même en savait assez pour comprendre toute la perfidie d'une pareille offre. D'abord, c'eût été reconnaître par le fait qu'on n'avait point payé; ensuite, c'était assurer gratuitement à Van Tassel, dans un délai peu éloigné, la paisible possession de la ferme. Au trépignement de pieds de mon lieutenant, je vis que la bombe était près d'éclater, et je lui fis signe de se contenir, tandis que je soutiendrais la discussion.

— Si mon ami consentait à un arrangement pareil, monsieur, répondis-je, ce serait littéralement vendre son droit d'aînesse pour un plat de lentilles.

— Vous n'oublierez pas, monsieur Wallingford, qu'une vente par autorité de justice, légalement faite, est une chose sérieuse, et sur laquelle il n'y a plus à revenir. C'est d'aujourd'hui en huit qu'elle doit avoir lieu; et, le contrat une fois signé, je ne conçois pas trop comment on pourrait s'y prendre pour le faire annuler. M. Wetmore que voici ne paraît guère homme à payer comptant mille dollars.

— Nous ne laisserons point passer l'acte, soyez-en bien sûr. J'achèterais plutôt moi-même la propriété; et si plus tard on vient à découvrir que la somme avait été effectivement payée, vous êtes bon pour répondre du capital, des intérêts et de tous les frais.

— Vous êtes jeune, monsieur Wallingford, et vous reconnaîtrez la folie d'avancer de l'argent pour vos clients.

— Je ne suis nullement avocat, comme vous l'avez supposé à tort, monsieur, mais capitaine de navire, et M. Wetmore est mon lieutenant. Mais nous n'en sommes pas moins pour cela en état de payer mille dollars, et même vingt mille, s'il le fallait.

— Vous n'êtes pas avocat ! s'écria Van Tassel en manifestant sa satisfaction par une horrible grimace. Voyez donc ces deux marins qui viennent discuter la validité d'une obligation hypothécaire ! La justice serait admirablement rendue, messieurs, en vérité, si on vous laissait faire ! Allons, allons, je vois ce que c'est. Vous avez voulu exploiter ma sympathie pour une vieille femme qui depuis vingt ans vit à mes dépens. Je croirais assez que vos neuf cent soixante-trois dollars se trouveront de la même qualité que vos connaissances en droit.

— Et cependant j'ai cru remarquer, monsieur Van Tassel, que vous ne seriez pas flatté d'avoir à prêter serment devant la Cour de la Chancellerie en réponse à une assignation que pourrait, à mon défaut, dresser un certain Abraham Van Vechten, d'Albany.

— Abraham Van Vechten est un excellent conseil, et un honnête homme, et il ne se chargerait pas facilement d'une cause qui ne repose que sur un *ouï-dire* de vieille femme, laquelle cherche à conserver sa ferme.

Marbre ne put se contenir plus longtemps. Il me dit ensuite que, pendant le dialogue, il avait pris la mesure du pied de l'usurier, et qu'il avait senti que ce serait une honte de frapper une si frêle créature; mais entendre mal parler de sa mère, voir ses justes droits, non seulement méconnus, mais tournés en dérision, c'était plus que sa patience ne pouvait supporter.

Se levant brusquement, il se mit à fulminer une des philippiques les plus énergiques en vrais termes de marin. Tous les noms, toutes les épithètes que son vocabulaire put lui fournir, il les entassa sur le vieil usurier, et tout mérités qu'ils fussent, je ne me permettrai pas de les répéter à mes lecteurs. Je le laissai décharger toute sa bile ; et, après avoir déclaré à Van Tassel qu'il entendrait parler de nous, je réussis à entraîner mon compagnon du côté du cabriolet, avant qu'il en fût venu aux voies de fait.

Il ne fut pas facile de hisser Marbre dans la voiture. Il se débattait pour revenir sur ses pas et laver de nouveau la tête à l'usurier. Aussi, dès qu'il y fut entré, je mis le cheval au trot, et je me dirigeai vers la maison où nous devions prendre Kitty Huguenin, la petite-fille de la vieille mistress Wetmore.

— Voyons, dis-je à mon lieutenant dès que nous fûmes partis, il faut tâcher de prendre un air plus aimable, ou vous allez effaroucher votre nièce, qui ne vous connaît pas encore.

— L'impudent coquin ! profiter de l'isolement où se trouvait une pauvre vieille, dont le mari était au tombeau, et le fils unique sur l'Océan ! Qu'on me parle encore des commandements ! il les a violés tous, le monstre !

Marbre continua à grommeler encore quelque temps, comme le tonnerre qui gronde dans le ciel après que l'orage est passé ; puis il finit par tomber dans un morne silence.

CHAPITRE XV

La nièce du vieux loup de mer

— Miles, dit Moïse tout à coup, comme s'il sortait d'une profonde rêverie, il faut que je quitte la bonne vieille ce soir même, et que je retourne avec vous à la ville. Je veux réunir l'argent à l'instant même, pour que ce fripon fieffé n'ait pas la moindre chance de jeter le grappin sur Willow Cove.

— Comme vous voudrez, Marbre ; mais, pour le moment, préparez-vous à recevoir une nouvelle parente ; la seconde sur qui vos yeux se seront fixés dans ce monde.

— Pensez un peu, Miles ! ne voilà-t-il pas que j'ai deux parentes à présent : une mère et une nièce ! Comme tout cela pleut à la fois !

— Il est probable que vous avez un tas d'oncles, de tantes et de cousins en réserve. Les Hollandais ont des cousins à n'en pas finir, et vous allez les voir accourir de tous les côtés.

Je vis que Marbre avait l'air embarrassé ; je crus d'abord que c'était cette perspective de parents qui commençait à le tourmenter; mais il n'était pas homme à me cacher longtemps ce qu'il éprouvait.

— Miles, dit-il en se grattant l'oreille, je ne sais plus comment me tirer de mon bonheur à présent. Dans quelques minutes, je vais être en présence de la fille de ma sœur, de ma propre nièce... un petit bijou d'enfant, j'en suis sûr... que dis-je ? une grande et belle demoiselle... je veux être pendu si je sais ce qu'on doit faire en pareille circonstance. Ce n'est pas le cas de généraliser, à ce qu'il me semble. La fille d'une sœur, ce doit étré à peu près la même chose qu'une fille à soi, si on se trouvait à en avoir une.

— Parfaitement raisonné. Eh bien ! donc, rien n'est plus simple. Traitez Kitty Huguenin, comme si elle était Kitty Marbre.

— Oui, oui, tout cela est bon à dire ; mais comment diable voulez-vous qu'un malotru comme moi en sorte jamais, lorsqu'il faudrait un cabestan pour me tirer les idées du cerveau ? Avec la vieille femme, cela allait tout seul, et j'aimerais mieux avoir affaire à une douzaine de mères qu'à une seule nièce. C'est qu'elle est capable encore d'avoir des yeux noirs, des joues roses, une petite mine charmante ! s'il allait falloir l'embrasser ?

— Mais cela va sans dire, et eût-elle des yeux

blancs et des joues noires, vous ne pouvez vous en dispenser.

— Allons, je me conformerai à l'usage, répondit Marbre fort innocemment, et tout déconcerté de la position nouvelle où il se trouvait. Mais aussi se voir au même moment fils et oncle, quand on n'en a pas l'habitude ! Encore si ces parentés étaient venues l'une après l'autre !

— Voyons, Moïse, ne vous plaignez pas de votre excès de bonheur. Voici la maison, et je parierais qu'une de ces demoiselles est votre nièce ; tenez, celle qui a son chapeau sur la tête et qui se tient prête à partir, pendant que ses compagnes sont venues la conduire jusqu'à la porte, attendu qu'elles ont entendu le bruit de la voiture... Ah ! on est intrigué de voir deux étrangers dans le cabriolet, au lieu du conducteur ordinaire.

Marbre toussa, comme pour se dérouiller le gosier, rajusta ses manches, passa ses mains dans sa cravate, composa son maintien ; puis, quand tous ces apprêts furent terminés, le cœur lui manqua, et au moment où j'arrêtais le cheval, il me dit d'une petite voix flûtée qui me fit un singulier effet à moi qui venais de l'entendre tonner si récemment :

— Mon bon ami, rendez-moi un service ; descendez à ma place, et arrangez tout cela. Elles

sont quatre; c'est trois de trop pour moi. Allez;
j'en ferai autant pour vous une autre fois.

Je me mis à rire, je jetai les guides à Marbre
qui les saisit à deux mains, comme si ce n'était
pas trop de toutes ses forces pour contenir la
pauvre bête qui n'avait pas la moindre envie de
bouger, et je sautai à terre pendant que les
quatre amies observaient mes mouvements avec
quelque surprise, riant, chuchotant entre elles,
jusqu'au moment où je m'approchai; alors chacune d'elles prit l'air le plus grave qu'il lui fut
possible.

— Je présume que miss Kitty Huguenin est
parmi vous, mesdemoiselles? dis-je en saluant
avec le respect convenable; car il me semble que
voici la maison qu'on m'a indiquée.

Une jeune fille de seize ans, d'un extérieur
très-agréable, et qui avait assez de ressemblance
avec la vieille mistress Wetmore pour qu'on ne
pût s'y méprendre, s'avança vivement hors du
petit groupe, puis s'arrêta tout à coup, toute
intimidée.

— C'est moi qui suis Kitty, dit-elle en balbu-
tiant; est-ce que grand'mère m'envoie chercher?

— Oui, nous venons de la quitter pour aller
parler de ses affaires à l'écuyer Van Tassel; elle
nous a prêté sa voiture, à condition que nous
vous prendrions en passant, et nous voici.

Je n'avais pas une figure bien effrayante; aussi Kitty, sans défiance, prit-elle en toute hâte congé de ses compagnes; et, une minute après, elle était assise entre Marbre et moi, le cabriolet étant assez grand pour contenir trois personnes. Nous partîmes. Pendant quelques instants nous restâmes silencieux, bien que je m'aperçusse que de temps en temps Marbre jetait un coup d'œil à la dérobée sur sa jolie petite nièce. Ses yeux étaient humides, il toussait, il se mouchait, pour avoir occasion de s'essuyer le front, et je finis par lui dire :

— Il paraît que vous êtes bien enrhumé ce soir, monsieur Wetmore.

Je lui donnai ce nom, comme pour préparer les voies à la reconnaissance.

— Oui, vous savez, Miles... ça ne va pas... du diable si je ne suis pas ce soir comme une poule mouillée.

Je sentis la petite Kitty se rapprocher de moi.

— Vous êtes sans doute surprise, miss Kitty, repris-je, de trouver deux étrangers dans le cabriolet de votre grand'mère?

— Je ne m'y attendais pas, il est vrai... mais ne disiez-vous pas que vous reveniez de chez M. Van Tassel? Est-ce qu'il reconnaît enfin que grand-père lui a compté l'argent?

— Pas tout à fait; mais vous avez des amis

qui vont prendre chaudement vos intérêts. Est-ce que vous avez craint d'être obligée de quitter la ferme ?

— Les filles de l'écuyer Van Tassel s'en sont vantées hautement, dit Kitty de sa petite voix douce et tremblotante ; mais je n'y fais pas grande attention, car, à les entendre, leur père posséderait bientôt tout le pays à lui tout seul. La maison a été bâtie, dit-on, par le grand-père de grand'mère ; grand'mère y est née, ainsi que moi. Il serait dur de la quitter, et cela pour une dette que grand'mère assure avoir été payée.

— Oui, diablement dur ! murmura Marbre entre ses dents.

Kitty se rapprocha de nouveau de moi, ou, pour mieux dire, s'éloigna du lieutenant, qui, dans ce moment, faisait une horrible grimace.

— Ce que vous dites est très vrai, Kitty ; mais je vous répète que la Providence vous a envoyé des amis qui veilleront sur vous et sur votre grand'mère.

— Oui, oui, s'écria Marbre, la bonne vieille peut dormir tranquille ; elle ne quittera pas la maison tant que je vivrai, à moins que ce ne soit pour aller à la ville visiter le spectacle, les muséum, les dix ou quinze églises hollandaises qui s'y trouvent, et tout le *bataclan*.

Kitty regarda son voisin de gauche avec sur-

prise, mais il me sembla qu'elle n'avait plus tout
à fait aussi peur.

— Je ne vous comprends pas, monsieur, ré-
pondit-elle après avoir paru réfléchir un moment; grand'mère n'a aucun désir d'aller à la
ville; elle ne demande qu'à passer tranquillement
le reste de ses jours dans notre vieille maison.

— Et croyez-vous, Kitty, que votre grand'
mère ne songe pas à ce que vous deviendriez, si
vous veniez à la perdre?

— Oh! monsieur, elle n'y pense que trop,
grand'mère, et je fais tous mes efforts pour la
tranquilliser. Pourquoi prévoir un si affreux malheur? Et puis, d'ailleurs, je saurais bien me suffire, et j'ai des amis qui ne me laisseront jamais
dans l'embarras.

— Vous en avez un, Kitty, à qui vous ne pensez pas, et qui sera toujours là pour vous pro-
téger.

— Un ami?... serait-ce Horace Bright, monsieur?

Ce nom fut prononcé avec une légère rougeur,
mais en même temps avec une naïveté enfantine
qui me charma.

— Et quel est cet Horace Bright? demandai-
je en m'armant de tout mon sérieux.

— Oh! monsieur, c'est le fils d'un de nos voisins. Voyez-vous là-bas cette vieille maison en

pierres qui s'élève sur le bord de l'eau, au milieu des pommiers et des cerisiers, sur la même ligne que cette grange ?

— Parfaitement ; elle est dans une très jolie position. Nous l'avions remarquée en venant.

— Eh bien, c'est là que demeure le père d'Horace ; et c'est une des meilleures fermes des environs. Mais grand'mère me répète toujours de ne pas faire attention à ce qu'il dit, parce que les garçons parlent à tort et à travers. Et puis, il n'est pas le seul qui s'intéresse à nous : tout le monde ici nous plaint, quoiqu'on ait peur de l'écuyer Van Tassel.

— Voyez-vous, comme dit grand'mère, ne vous fiez pas trop au jeune Horace ; à son âge, on ne pense pas toujours tout ce qu'on dit.

— Eh bien ! moi, je suis bien sûre qu'il le pense, lui ; mais il a beau protester que je ne serai jamais abandonnée, ce n'est pas lui que ce soin regarde ; j'ai mes tantes qui ne m'oublieraient pas.

— Et si elles venaient à vous manquer, s'écria Marbre avec une émotion visible, votre oncle est là, ma chère, et on n'aurait pas besoin de l'envoyer chercher, je vous en réponds !

— Quel oncle ? répondit Kitty surprise, et se serrant derechef contre moi. Mon père n'a jamais eu de frère, et le fils de grand'mère est mort.

— Non, Kitty, il n'est pas mort, dis-je en faisant signe à Marbre de ne point bouger. C'est une bonne nouvelle que j'avais à vous annoncer. Votre oncle vit, il se porte à merveille ; il a passé l'après-midi avec votre grand'mère ; il a plus d'argent qu'il n'en faut pour satisfaire cet infâme usurier, et ce sera un père pour vous.

— Oh ! mon Dieu ! serait-il possible ? s'écria Kitty en se rapprochant encore de mon côté ; vous, mon oncle ! et je n'étais pas auprès de grand'mère pour l'aider à supporter une si grande secousse !

— Votre grand'mère a très bien supporté son bonheur ; mais vous vous trompez en supposant que je sois votre oncle. Voyons, regardez-moi bien ; est-ce que je vous parais d'un âge à pouvoir être le frère de votre mère ?

— Voyez un peu comme je suis sotte ! Mais alors, est-ce que ce serait Monsieur ?

Marbre, cette fois, suivit l'inspiration de la nature, et, serrant la jolie enfant dans ses bras, il l'embrassa avec une affection vraiment paternelle. La pauvre Kitty fut d'abord un peu effrayée, et peut-être, comme sa grand'mère, un peu désappointée ; mais il y avait tant de franchise dans les manières du lieutenant, qu'elle finit par se rassurer.

— Je suis un pauvre diable d'oncle pour une

jeune fille comme vous, Kitty, n'est-ce pas? Mais il y a pire encore, à ce que je crois. En tout cas, comme je suis il faut me prendre; et quant à ce vieux scélérat de Van Tassel, n'y pensez plus, et fiez-vous à moi.

— Mon oncle est marin? Grand'mère avait entendu dire qu'il était soldat.

— Oh! oui, on avait suivi une fausse piste. Moi, soldat! porter toujours un fusil sur l'épaule! cela ne m'aurait pas été. Parlez-moi de la mer, à la bonne heure!

— Comment se nomme mon oncle? J'ai entendu dire à grand'mère que son fils avait été baptisé sous le nom d'Oloff.

— Moi, j'ai entendu dire que j'avais été baptisé sous le nom de Moïse. Grand'mère et moi, nous avons déjà ruminé tout cela. Vous savez sans doute ce que c'était que Moïse, mon enfant?

— Certainement, mon oncle, répondit Kitty avec un léger sourire; c'était le grand législateur des juifs.

— Est-ce exact, Miles?

Je fis un signe d'assentiment.

— Et vous savez toute l'histoire des joncs et de la fille du roi d'Ethiopie?

— Du roi d'Egypte, voulez-vous dire, mon oncle.

— Oui, d'Egypte, d'Ethiopie, n'importe. Cette

enfant a été on ne peut mieux éduquée, Miles. Ce sera une fameuse société pour moi, pendant les longues soirées d'hiver, dans quelque vingt ans d'ici, ou quand je serai venu me retirer dans la latitude de la bonne chère vieille.

Une légère exclamation de Kitty, suivie d'un certain embarras qui se manifesta par de plus vives couleurs, indiqua que, dans ce moment, elle pensait à tout autre chose qu'à l'oncle Oloff. J'en demandai l'explication.

— Ce n'est qu'Horace, dit-elle, qui est là-bas à l'extrémité de son verger, et qui nous regarde. Il ne se doute guère avec qui je suis dans le cabriolet de grand'mère.

Cet Horace semblait singulièrement devoir contrarier les projets de Marbre de passer toutes ses soirées avec Kitty pour se distraire. Mais nous approchions de la maison, et bientôt nous l'eûmes perdu de vue. Pour rendre justice à Kitty, elle ne parut plus songer qu'à sa grand' mère et à la vive émotion qu'elle avait dû éprouver. Quant à moi, je fus surpris de trouver M. Hardinge en conversation animée avec la vieille mistress Wetmore, assis l'un et l'autre devant la maison, pendant que Lucie se promenait à grands pas sur le tapis de verdure qui régnait le long des saules, avec un air d'impatience qui ne lui était pas ordinaire.

Dès que Kitty eut mis pied à terre, elle courut à sa grand'mère ; Marbre la suivit, et moi je me hâtai de rejoindre Lucie. Elle me présenta la main avec une grâce et un abandon qui m'eût ravi dans tout autre moment ; mais elle avait en même temps un air d'inquiétude qui ne présageait rien de bon.

— Miles, voilà un siècle que vous nous avez quittés ! dit-elle ; je vous gronderais si l'histoire de cette bonne dame ne m'avait vivement intéressée, et ne vous excusait suffisamment. Mais marchons un peu, j'ai besoin d'air et d'exercice.

J'offris mon bras à Lucie, et nous gravîmes ensemble la colline que je venais de descendre. Soudain je m'aperçus, à un tremblement de tout son corps, qu'elle était dans un état d'agitation extrême.

Je m'arrêtai court pour la regarder en face ; de grosses larmes tremblaient sur ses paupières ; tout en elle annonçait une profonde émotion mal contenue.

— Vous voulez me parler de Grace ! m'écriai-je.

— Oh ! Miles ! quelle conversation je viens d'avoir avec elle ! Elle parle comme un être qui n'appartiendrait plus à la terre. Elle n'a plus de secrets pour moi. Graduellement je l'ai amenée à me tout révéler. J'ai pensé qu'elle en éprouverait quelque soulagement, et du moins, sous ce ràpport, je ne me suis pas trompée ; car elle repose à présent.

— Et c'est donc une bien lamentable histoire ?

— Oh ! Miles, figurez-vous que Grace n'avait que quinze ans quand ils se sont donné leur foi, non pas en l'air, comme des enfants dont le vent emporte les paroles, mais sérieusement, solennellement.

— Et d'où est provenue la rupture ?

— De Rupert, qui aurait dû mourir avant de manquer ainsi à tout ce qu'il devait à mon père, à moi, à nous tous, Miles, et surtout à lui-même. Nous avions bien deviné : il s'est laissé séduire, fasciner, par ce prestige qui s'attache aux Mertons dans notre atmosphère provinciale. J'ai le cœur trop navré pour ne pas m'ouvrir entièrement à vous. Votre amitié m'est trop connue pour que je craigne de vous voir prendre avantage de mes paroles contre mon frère. Qui mieux que vous, si franc, si ouvert, si loyal, doit connaître les imperfections de son caractère ?

— Epargnez-vous, épargnez-moi, ma chère Lucie, dis-je vivement, toutes les explications qui ne seraient pas indispensables pour m'éclairer sur la position exacte de ma sœur. S'il est une circonstance qu'il puisse m'importer de savoir, c'est comment Rupert s'y est pris pour se soustraire à un engagement qui remontait à quatre années.

— C'est ce que j'allais vous apprendre, Miles, et alors vous saurez tout. Grace remarquait depuis longtemps les attentions qu'il avait pour Emilie Merton, mais aucune explication n'avait eu lieu entre eux ; et, avant de quitter New-York, elle crut se devoir à elle-même de savoir à quoi s'en tenir. Après une conversation assez insignifiante, votre sœur offrit à Rupert de lui rendre sa parole, s'il le désirait le moins du monde.

— Et que répondit-il à une proposition aussi franche que généreuse ?

— Je dois à Grace cette justice, Miles, que, dans tout ce qu'elle m'a dit, elle a toujours montré les plus tendres ménagements pour mon frère. J'ai deviné le reste, plus qu'elle ne me l'a déclaré positivement. Rupert, dans le premier moment, affecta de croire que c'était Grace qui voulait rompre ; mais Grace était trop ingénue pour lui laisser cette misérable consolation, et elle n'essaya pas de cacher que son avenir de bonheur était à jamais perdu pour elle.

— Oh ! que je les reconnais bien là tous deux ! murmurai-je avec amertume.

Lucie attendit un moment que je fusse plus calme, puis elle continua :

— Quand Rupert vit qu'il fallait prendre sur lui la responsabilité de la rupture, il s'exprima plus sincèrement. Il avoua à Grace qu'il avait formé d'autres projets; qu'ils étaient bien jeunes l'un et l'autre au moment où ils s'étaient promis de s'épouser; que c'était une idée d'enfants; puis il parla de minorité, et enfin de sa pauvreté, de l'impossibilité où il serait de pourvoir aux frais d'un ménage, à présent que mistress Bradfort m'avait laissé tous ses biens.

— Il lui sied bien de parler ainsi, lui qui veut laisser croire qu'il est son unique héritier; lui qui m'a dit à moi-même qu'il vous considère comme une sorte de dépositaire, pour la moitié ou même pour les deux tiers de la fortune, jusqu'à ce que, dit-il, il ait jeté sa gourme!

— Avec quel plaisir je réaliserais ses espérances, pour que les choses se passassent comme je l'avais espéré autrefois, pour voir Grace heureuse, et Rupert honnête homme!

— Grace heureuse! C'est ce que nous ne verrons jamais, du moins dans ce monde pervers.

— Je n'ai plus eu le courage de désirer cette alliance, Miles, depuis le moment où j'ai pu juger du véritable caractère de Rupert. Grace elle-même ne consentirait pas aujourd'hui à épouser Rupert. Elle m'a avoué que le coup le plus sensible pour elle avait été de reconnaître qu'elle s'était trompée sur son caractère. Hélas! Grace est toute tendresse; sa vie pour elle était dans son cœur ; et, ses affections une fois flétries, le reste de son être se flétrira bientôt comme elles.

Je ne répondis rien : l'arrivée de Lucie à la ferme, ses manières, ses discours, tout me convainquait qu'elle avait presque entièrement renoncé à l'espérance. Nous retournâmes à la maison, absorbés l'un et l'autre par de tristes pensées. Jamais je n'aurais songé à essayer d'exercer quelque influence sur Lucie en ma faveur, dans un pareil moment. Ma pauvre sœur m'occupait seule, et je brûlais d'impatience de retourner à bord du sloop où, au surplus, il était temps de nous rendre, le soleil ayant déjà depuis quelque temps disparu de l'horizon.

<hr>

CHAPITRE XVI

Les dernières volontés de Grace

Dès que Marbre sut que mon intention était de descendre le fleuve jusqu'à New-York, pour consulter de nouveaux médecins, il renonça à son projet de passer la nuit sous le toit paternel, et il voulut m'accompagner afin de réunir immédiatement les mille dollars qu'il voulait tenir tout prêts en cas de besoin. Nous abrégeâmes les adieux, et à huit heures nous étions tous à bord du sloop. A neuf heures, la marée étant favorable, j'appareillai sur-le-champ, par un léger vent sud-ouest.

Au moment du repas, je m'entretins avec M. Hardinge de la créance hypothécaire, et de la nécessité d'agir promptement, puisque la vente était annoncée pour la semaine suivante. Mon tuteur connaissait mieux le pays que moi ; il trouva que Marbre n'avait pas un instant à perdre pour faire toutes les démarches nécessaires ; et que, pour gagner du temps, il fallait débarquer à Hudson, d'où il se rendrait par terre à New-York. Il se mit en même temps à lui tracer des instructions par écrit ; car, dès qu'il s'agissait de rendre service, M. Hardinge ne faisait jamais les choses à demi.

Il était minuit quand nous arrivâmes à Hudson ; et je calculai qu'au train dont nous allions, Marbre en effet se trouverait trop en retard s'il restait avec nous. Je le conduisis donc à terre avec M. Hardinge. La diligence partait le lendemain matin ; mais son impatience ne pouvait supporter le moindre retard ; il parvint à découvrir un cabriolet. Neb nous attendait en courant des bordées. Quand nous fûmes de retour, le vent avait fraîchi ; il s'était rangé à l'ouest, ce qui permit au *Wallingford* d'accélérer sa marche.

J'essayai de reposer quelques heures ; mais mon sommeil fut agité ; je voyais sans cesse tourner la roue qui avait causé la mort de mon pauvre père ; et ma mère, ainsi que Grace, étaient emportées avec lui dans ce tourbillon terrible, et déposées dans le même tombeau. A peine le jour commençait-il à paraître que, pour échapper à ces lugubres images, je montai sur le pont.

Il n'y avait sur le gaillard d'arrière que le pilote, qui était au gouvernail ; mais je vis sous le gui, tout contre le mât, une paire de jambes, que je reconnus pour appartenir à Neb, et, à peu de distance, un joli jupon brun qui ne pouvait être que celui de Chloé. Je m'approchai du nègre pour le questionner sur le temps qu'il avait fait pendant son quart, quand, au moment où j'allais l'appeler, j'entendis la jeune personne dire d'une voix plus animée qu'il ne convenait pour un entretien aussi intime :

— Jamais, Neb, jamais, sans l'approbation de mère et de toute la famille ! jeune nègre supposer n'avoir qu'à cajoler jeune fille pour faire dire oui, puis aller trouver ministre, demander bénédiction, et tout être dit ! mais mariage pas bien tourner alors, falloir consentement avant tout.

— Moi avoir le vôtre, Chloé, depuis deux ans; et moi bien décidé à demander celui de maître Miles.

— Pas suffire pour ma conscience, Neb ; bon maître pas vouloir forcer négresse ; mariage être comme religion, et religion libre ; négresse avoir trop bonne raison pour vouloir pas se marier.

Chloé avait quitté alors ses airs prétentieux, et elle parlait avec un naturel qui paraissait faire impression sur Neb, et qui piquait ma curiosité.

— Oui dà, continua Chloé, presque en sanglotant, pas de mariage tant que miss Grace être si pâle, et dans si pitoyable état.

Au ton dont parlait Chloé, elle semblait avoir perdu presque toute espérance ; et que ces réflexions étaient déchirantes pour moi ! Je me détournais pour donner un libre cours à mes larmes, quand j'aperçus Lucie qui venait me dire que ma sœur désirait me parler. Il fallut encore une fois me faire violence, et je descendis auprès de la chère malade.

Grace me reçut avec un sourire angélique ; mais je restai anéanti en remarquant le changement prodigieux qui s'était opéré en elle en si peu de temps ; elle n'était plus que l'ombre d'elle-même. Je l'embrassai sur le front, et il me sembla qu'il était glacé. Elle eut pourtant la force de passer ses bras autour de mon cou, et elle me regarda fixement pendant une demi-minute, avant de parler, comme pour voir si je me faisais encore illusion.

— Lucie m'apprend, cher frère, dit-elle enfin, que vous voulez me conduire jusqu'à New-York pour consulter de nouveau. Elle se trompe, n'est-il pas vrai ?

— Non, Grace ; et, si le vent ne change pas, j'espère que demain matin vous serez établie dans la maison de Lucie, qui ne nous refusera pas l'hospitalité. Aussi, me suis-je permis de former ce projet à moi tout seul, sans vous consulter.

— Pourquoi ne pas retourner à Clawbonny ? si quelque chose peut me faire du bien, c'est l'air natal, Miles, l'air pur de la campagne. Rendez-vous à ma prière, et n'allons pas plus loin que la crique.

— Si vous insistez, Grace, vos désirs seront des ordres pour moi ; mais il faut chercher à remédier à cet état de faiblesse, et de nouveaux avis...

— Songez, Miles, qu'il n'y a pas vingt-quatre heures que vous avez consulté l'un des meilleurs docteurs du pays. Il n'y a rien de changé dans mon état, et ce que l'art peut faire, il l'a fait, en nous laissant des instructions par écrit. Mon bon frère, ne me refusez pas. Ce n'est qu'à Claw-bonny que je peux trouver quelque repos. Ici, on ne saurait ni penser à l'avenir, ni prier Dieu. Je vous en conjure, retournons à Clawbonny, si vous m'aimez.

Il n'y avait pas moyen de résister à un pareil appel. Je remontai sur le pont, le cœur plus gros que jamais ; je donnai au pilote les ordres néces-saires, et nous revîmes nos rives chéries quarante-huit heures après les avoir quittées. Grace était si faible qu'il fallut la porter jusqu'à la voiture, et Lucie monta auprès d'elle avec son père.

Lucie, qui avait pris en mains la direction complète de la malade, ne me permit pas de revoir Grace, à qui il fallait du repos. Elle ne faisait en cela que suivre les recommandations du docteur, et je ne pouvais que me soumettre, sachant que ma sœur ne pouvait avoir une garde plus judicieuse et plus attentive.

On vint du moulin de la ferme me demander des instructions que j'étais forcé de donner, tout préoccupé que j'étais de l'état de ma sœur. Plus d'une fois, je cherchai à m'intéresser aux affaires dont je m'occupais ; mais bientôt je retombais dans ma mélancolie, et je finissais par dire aux différents employés qui me consultaient, d'agir comme ils l'avaient fait pendant mon absence.

Je ne vis guère Lucie de la soirée. Au moment de la prière, elle vint se joindre à nous, et ses yeux étaient humides quand elle se releva. Elle baisa le front de son père en se retirant et, se tournant vers moi, elle me présenta la main, suivant son habitude constante depuis dix-huit ans, et je la serrai tristement dans les miennes ; mais aucun mot ne fut échangé entre nous, et ce silence n'était que trop éloquent.

Lucie ne parut pas à la prière le lendemain matin. Le déjeuner fut annoncé, et elle ne vint pas davantage. M. Hardinge avait été regarder plus de douze fois à la porte, toujours inutilement.

— Miles, mon cher garçon, dit-il enfin, nous n'attendrons pas davantage. Ma fille veut sans doute déjeuner auprès de Grace pour lui tenir compagnie. Mettons-nous à table.

Nous venions de nous asseoir quand la porte s'ouvrit lentement, et Lucie entra dans l'appartement.

— Bonjour, mon père, dit-elle en passant le bras autour du cou de son père avec un redoublement de tendresse ; bonjour, Miles, ajouta-t-elle en me tendant la main, mais en détournant la figure, comme si elle craignait que je n'y lusse trop clairement les sentiments qui l'agitaient ; Grace a passé une nuit assez calme, et je la trouve un peu moins mal ce matin.

Nous ne répondîmes rien, et le repas s'acheva dans un morne silence.

— Miles, me dit Lucie en se levant de table, d'une voix qui, malgré elle, tremblait d'émotion, venez dans une demi-heure dans la salle de famille. Grace désire vous y voir ce matin, et je n'ai pas eu le courage de la refuser. Elle est faible; mais elle croit que cette visite lui fera du bien. Soyez exact surtout; car une trop longue attente pourrait la fatiguer. Adieu, mon père; quand j'aurai besoin de vous, je vous ferai prévenir.

A ces paroles de triste présage, Lucie nous quitta, et j'éprouvai le besoin d'aller prendre l'air. Je passai cette longue demi-heure à me promener à grands pas, et je rentrai au moment précis. Chloé m'attendait à la porte et me conduisit en silence à la salle de famille. Elle avait à peine posé la main sur la serrure que Lucie parut à la porte et me fit signe d'entrer.

Grace était couchée sur la petite causeuse où nous avions eu notre premier entretien. Elle était pâle et paraissait souffrante; mais c'était toujours la même expression de céleste beauté. Elle me tendit affectueusement la main, et je la vis jeter un coup d'œil du côté de Lucie, comme pour la prier de nous laisser seuls. Quant à moi, je ne pouvais parler; je m'assis à mon ancienne place, penchai la tête de ma sœur sur mon épaule, et restai ainsi en silence, cherchant à dévorer les larmes qui se pressaient sur mes paupières. Pendant que je m'asseyais, Lucie avait disparu, et la porte s'était refermée.

Je ne sais combien de temps je restai dans cette attitude; la vie était comme suspendue en moi, et j'étais absorbé dans une seule et douloureuse pensée. Enfin Grace, par un effort pénible, se souleva doucement et jeta sur moi un regard où se peignait une tendre inquiétude pour moi bien plus que pour elle.

— Mon frère, dit-elle avec fermeté, il faut nous soumettre à la volonté de Dieu. Je suis mal, très mal; je suis brisée; je sens que je m'affaiblis d'heure en heure. A quoi bon chercher à nous faire illusion ?

Elle semblait attendre une réponse; mais il se fût agi de ma vie, que je n'aurais pu prononcer une parole.

Il y avait quelque chose de tristement solennel dans ce silence prolongé.

— Je vous ai prié de venir, mon cher Miles, ajouta ma sœur; non pas que je croie que le temps presse; mais enfin nous devons nous tenir prêts, et il est un sujet, sujet qui me touche le plus au cœur, dont il me tarde de vous parler, pendant qu'il me reste encore un peu de force et de courage. Promettez-moi, mon bon frère, d'être calme, et de m'écouter avec patience.

— Parlez, chère Grace, parlez avec l'abandon et la confiance de nos premières années. Ah ! cet heureux temps ne doit-il donc jamais revenir ?

— Du courage, mon ami ! Mais ne parlons point de cela à présent. Ce sont mes derniers désirs que je vais vous exprimer ; du calme, Miles, de l'indulgence, quand même ils vous paraîtraient déraisonnables dans le premier moment.

— Vous savez, Grace, que vos désirs seront des ordres pour moi ; n'hésitez pas à les faire connaître.

— Eh bien donc, pour la dernière fois, occupons-nous des intérêts de ce monde ; jamais plus, je l'espère, je n'y ferai allusion ensuite. Je ne veux conserver d'autre pensée, d'autre sentiment sur la terre, que l'amour que je porte à mes amis. Le ciel me le pardonnera ; car je ferai mes efforts pour que cet amour ne diminue en rien celui que je porte à mon Dieu.

Grace s'arrêta, et je me demandai ce qu'elle pouvait avoir à me dire, quoique je fusse touché jusqu'au fond du cœur de sa résignation angélique à un destin qui, à son âge, devait paraître si cruel.

— Miles, mon frère, reprit-elle en me regardant avec anxiété, nous n'avons pas encore parlé des résultats matériels de votre dernier voyage; mais j'ai entendu dire que vous avez lieu d'en être satisfait, et que votre fortune s'en est accrue.

— Sous ce rapport, je n'ai rien à désirer, et j'ai plus d'argent qu'il ne m'en faudra jamais. Mon navire me suffit, sans même parler de Clawbonny. Oh ! ma sœur, disposez de ce qui est à vous avec une entière liberté. Quant à moi, je n'y prétends rien, et je n'en veux rien avoir. Les legs que vous ferez seront sacrés pour moi, et je les regarderai comme autant de souvenirs de vos touchantes vertus.

Le teint de Grace se colora, elle semblait éprouver une vive satisfaction, quoiqu'elle fût encore agitée d'un tremblement nerveux.

— Vous savez, Miles, que, d'après le testament de notre mère, tout ce que j'ai doit vous appartenir si je viens à mourir avant vingt et un ans. J'en ai vingt à peine, et légalement je ne puis disposer de rien.

— Vos volontés n'en seront pas moins religieusement remplies, chère sœur. Faites-moi connaître vos intentions. Je vais, si vous voulez, les écrire sous votre dictée. Jamais testament revêtu de toutes les formalités de la loi n'aura été plus scrupuleusement exécuté.

— Il n'est point nécessaire, mon cher Miles. J'ai exposé mes désirs dans une lettre qui vous est adressée, et qu'on trouvera dans mes papiers. Mais il ne doit pas y avoir de surprise entre vous et moi, mon frère. Quand vous saurez ce que je désire, prenez le temps de la réflexion, et que votre raison prononce autant que votre excellent cœur.

— Je suis tout aussi prêt à prononcer dans ce moment que je pourrais l'être dans un an. Il me suffit que vous le désiriez, pour que la chose soit faite.

— Merci, mon ami, merci, dit Grace en serrant affectueusement ma main sur son cœur, moins encore de votre adhésion que de l'empressement et de l'effusion avec laquelle vous me l'accordez. Cependant, comme ce que je demande est grave, je ne peux pas me prévaloir d'un premier mouvement. Il faut avant tout que vous connaissiez toute l'étendue de votre promesse.

— Qu'il soit en mon pouvoir de l'accomplir, je n'ai pas besoin d'en savoir davantage.

— J'ai besoin, moi, de vous donner des explications plus complètes. M. Hardinge a géré notre petite fortune avec tant d'économie, il a fait en même temps quelques placements si avantageux, que je me trouve beaucoup plus riche que je ne l'avais supposé. En renonçant à ce qui m'appartient, vous faites un sacrifice plus considérable que vous ne croyez peut-être. Les sommes accumulées s'élèvent à plus de vingt-deux mille dollars.

— Ah ! ma sœur, donnez un libre cours à vos intentions généreuses. Si votre argent ne vous suffisait pas, prenez, prenez du mien. Vous ne sauriez me donner une plus grande preuve d'amitié.

— Miles, dit Grace vivement agitée, ne parlez pas ainsi, ou je n'aurais plus le courage qui m'est nécessaire. Il faut que je me hâte, car je sens que plus tard je n'oserais jamais revenir sur ce sujet. D'abord, je vous prie d'acheter un bijou, de la valeur de cinq cents dollars, et de l'offrir à Lucie comme un souvenir de son amie. Donnez aussi mille dollars à M. Hardinge, pour qu'il les distribue aux pauvres. Lorsque vous aurez fait ensuite des présents convenables aux esclaves, je calcule qu'il restera intacte une somme de vingt mille dollars.

— Et qu'en ferai-je, ma sœur ! demandai-je, voyant qu'elle hésitait à poursuivre.

— Cette somme, mon bon frère, je voudrais qu'elle fût remise à Rupert. Vous savez qu'il est absolument sans fortune, et il a les goûts et les habitudes de l'opulence. Le peu que je lui laisserai ne le rendra pas riche ; mais du moins il ne se trouvera pas dans le besoin. Lucie y ajoutera sans doute, quand elle aura la disposition de ses biens; et l'avenir pourra être pour eux tous plus heureux que le passé.

Ma sœur parlait avec une grande volubilité, et elle fut obligée de s'arrêter pour reprendre haleine. Quant à moi, le lecteur concevra plus aisément les sensations qui m'agitaient que je ne puis les exprimer. La nécessité où j'étais de n'élever aucune objection, jointe à l'intensité de ma douleur, me plongeait dans un état confus d'irritation, d'angoisses, de stupeur, qu'il me serait impossible d'analyser. Toute l'exquise tendresse de la femme se manifestait jusqu'au dernier moment; elle s'occupait d'assurer l'existence du misérable qui avait tari en elle la source même de la vie, en foulant aux pieds toutes ses affections; et elle lui léguait, avec son dernier soupir, tout ce qu'elle possédait au monde, pour fournir aux besoins de son égoïsme et de sa vanité.

— Je sais que ce projet doit vous paraître étrange, Miles, reprit Grace en voyant que j'étais anéanti; mais autrement je ne puis mourir en paix avec moi-même. S'il ne possède pas quelque assurance positive de mon pardon, ma mort le rendra malheureux, et je veux qu'il comprenne qu'il a non-seulement mon pardon, mais mes prières. Et puis, Emilie et lui n'ont rien, je le crains, et ils peuvent traîner une existence misérable, faute de ce peu d'argent qu'il est en mon pouvoir de leur donner. Lucie, dès qu'elle le pourra, ne les oubliera pas non plus de son côté, j'en suis sûre, et tous ceux qui resteront après moi pourront se réunir autour de ma tombe pour prier pour celle qui y sera déposée.

— Ange! m'écriai-je; c'en est trop! Pouvez-vous supposer que Rupert acceptera cet argent?

Quelque dégradé que fût Rupert à mes yeux, je ne pouvais me décider à penser qu'il pousse-rait la bassesse jusqu'à recevoir un présent venu d'une pareille source, et dans un semblable mo-tif. Grace en jugeait autrement; et loin de voir rien de déshonorant dans l'acceptation de Rupert, cet acte que le reste du monde eût flétri avec in-dignation ne paraissait à ses yeux, à travers le prisme de son amour, que comme une déférence aimable aux dernières volontés de celle qui l'avait tant aimé.

— Comment pourrait-il refuser un don qui vient de moi, lorsque c'est du tombeau que je le lui offrirai? reprit la chère enthousiaste; il saura qu'il en est redevable à notre ancienne affection; car il m'a aimée, Miles, il m'a aimée plus que vous n'avez jamais pu m'aimer vous-même, mon bon frère, malgré toute l'ardeur de votre atta-chement.

— Au nom du ciel, Grace, m'écriai-je, inca-pable de me contenir plus longtemps, c'est une affreuse méprise! Rupert est incapable d'aimer personne d'autre que lui-même, il n'a jamais été digne d'occuper la moindre place dans un cœur si vrai et si dévoué!

Ces paroles m'échappèrent sous l'impulsion d'un sentiment qu'il me fut impossible de maîtriser; à peine étaient-elles proférées, que je le regrettai amèrement. Grace me regarda d'un air suppliant, devint pâle comme la mort, et fut prise d'un tremblement convulsif, comme si cette frêle organisation allait se dissoudre.

Je la pris dans mes bras, j'implorai mon pardon, je lui promis d'être plus maître de moi à l'avenir, et je lui renouvelai de la manière la plus solennelle l'assurance d'exécuter ses intentions à la lettre. Il fallait que je visse ma sœur dans un état si déplorable pour trouver dans mon cœur le courage de ne point me rétracter.

Je me dois à moi-même de déclarer qu'il n'entrait aucune considération d'intérêt dans la répugnance involontaire que j'éprouvais à faciliter un pareil arrangement. Il m'en coûtait de penser que le frère de Lucie, qu'un homme qui avait été si longtemps mon ami, pût tomber à ce point de dégradation et d'avilissement. Après tout, il n'était pas impossible qu'il ouvrît les yeux et qu'il reculât devant cette sorte de sacrilège, et c'était un cas qu'il fallait bien prévoir.

— On pourrait hésiter à accepter votre argent, chère sœur, lui dis-je ; et, dans ce cas, je voudrais savoir ce que j'aurai à faire.

— J'aime à croire qu'il n'en sera rien, répondit Grace, qui conserva jusqu'au dernier moment son aveuglement sur le véritable caractère de Rupert ; s'il n'a pu commander à ses affections, il ne m'en portera pas moins toujours une sincère amitié ; et il recevra ce souvenir comme vous en accepteriez un de la chère Lucie, ajouta-t-elle, un triste sourire animant cette physionomie angélique à laquelle j'ai fait si souvent allusion : vous ne voudriez pas repousser la dernière prière de Lucie, n'est-ce pas ? pourquoi Rupert rejetterait-il la mienne ?

Pauvre Grace ! que m'aurait servi de chercher à lui faire sentir la différence énorme qui se trouvait dans nos positions respectives ! Je me bornai à répéter encore une fois que ses intentions seraient remplies. Elle me mit alors entre les mains une lettre non cachetée, adressée à Rupert, qu'elle me pria de lire quand je serais seul, et que je devais lui donner en même temps que le legs.

— Que je repose encore un peu sur votre poitrine, Miles, dit Grace en penchant la tête, épuisée par les efforts qu'elle avait dû faire ; il y a longtemps que je ne me suis sentie aussi heureuse que dans ce moment ; cependant ma faiblesse croissante m'avertit que mon heure approche. Mon ami, vous n'avez qu'à vous rappeler tout ce que notre sainte mère vous a appris dans l'enfance, et vous ne me pleurerez point. Si je pouvais vous voir uni à une personne qui vous comprît et qui appréciât votre mérite, je mourrais contente, mais vous resterez seul, pauvre frère ; et, pendant quelque temps du moins, vous me regretterez.

— Toujours, Grace, tant que je vivrai ! murmurai-je presque à son oreille.

Ma sœur était si épuisée qu'elle resta immobile pendant un quart d'heure ; seulement elle me serrait la main de temps en temps ; et, dans ses ardentes prières au ciel, je distinguais quelques paroles où mon nom était mêlé. Ce peu de repos lui ayant fait du bien, ma sœur voulut reprendre la conversation ; je l'engageai à ne pas se fatiguer davantage, et je lui proposai d'appeler Lucie, afin qu'on pût la transporter dans sa chambre ; car j'avais découvert par un mot échappé à Chloé qu'il avait fallu la porter pour qu'elle pût venir à la salle de famille. Grace me le permit ; mais en attendant que Chloé répondît à l'appel de la sonnette, elle continua à me parler.

— Je ne vous ai pas demandé, Miles, de cacher au monde mes dernières dispositions ; vous avez trop de délicatesse pour que cette précaution fût nécessaire ; mais je vous prie même de n'en parler ni à M. Hardinge, ni à Lucie. Ils pourraient élever quelque objection, et il vaut mieux éviter des discussions inutiles. Lucie a toujours eu des scrupules exagérés au sujet de l'argent... Embrassez-moi, Miles, dit-elle enfin quand elle entendit Chloé approcher ; ne demandez pas à me revoir aujourd'hui, car j'ai beaucoup d'arrangements à faire avec Lucie ; demain je compte sur une longue visite. Dieu vous accorde sa bénédiction, mon frère bien-aimé, et vous ait toujours en sa sainte garde !

Je quittai l'appartement, et en traversant le long corridor qui conduisait à mon cabinet, je trouvai Lucie à la porte. Elle avait les yeux rouges, et elle entra avec moi.

— Comment l'avez-vous trouvée, Miles ? demanda la chère enfant, dont la voix tremblante annonçait tout ce qu'elle craignait.

— Il n'y a plus d'illusion possible, Lucie ; Dieu va la rappeler à lui.

Les sentiments qui avaient été si longtemps comprimés en présence de Grace éclatèrent avec violence, et je sanglotai comme un enfant.

Je fus longtemps avant de pouvoir reprendre quelque empire sur moi-même. Quand je fus calme, j'ouvris la lettre de ma sœur à Rupert,

comme elle m'en avait prié, et je la lus trois fois
de suite, sans même m'arrêter pour réfléchir.
Elle était conçue en ces termes :

« Cher Rupert,

« Quand vous lirez cette lettre, Dieu aura jugé
à propos de me rappeler à lui. Que cette perte
apparente ne vous affecte en aucune manière,
mon ami. Je n'aurais pu être heureuse dans cette
vie, Rupert, et c'est une grande merci que je
sois transportée si jeune dans un monde
meilleur. Il m'en coûte de me séparer de votre
excellent père, de vous-même, de notre bien-
aimée Lucie, et du meilleur des frères. C'est le
dernier tribut que je paie à la nature, et j'espère
qu'il me sera pardonné, à cause du motif. J'ai la
ferme confiance que l'exemple de ma mort ne
sera pas inutile à mes amis.

« C'est à ce point de vue seulement que je
vous prie, cher Rupert, de vous la rappeler
quelquefois. On ne peut commander à ses affections, et rien au monde n'eût pu me décider à
devenir votre femme sans posséder tout votre
cœur. Je prie chaque jour, presque à chaque
heure, — une larme était tombée évidemment
sur cet endroit de la lettre, — pour vous et pour
Emilie. Soyez heureux ensemble ; elle est ai-

mable ; elle a des talents qu'on ne pouvait acquérir à Clawbonny, et qui contribueront à l'agré-
ment de votre intérieur. Pour que vous pensiez
quelquefois à moi, Miles vous remettra le legs
que je vous ai fait. Acceptez-le dans les sentiments qui me portent à vous l'offrir. Je voudrais
qu'il fût plus considérable ; mais vous ne consi-
dérerez que l'intention. Tout faible qu'il est,
j'espère qu'il suffira pour lever les obstacles qui
pourraient retarder votre mariage, et le cœur de
Lucie fera bientôt le reste.

« Adieu, Rupert ; je ne dis pas : adieu, Emilie ;
car je pense que cette lettre, ainsi que le motif
qui l'a dictée, restera un secret entre vous et
moi, et mon frère ; mais je souhaite à votre
future femme tout le bonheur que cette terre
peut procurer, et une fin aussi pleine de consolations et d'espérances que celle qu'attend à
chaque instant votre affectionnée

« GRACE WALLINGFORD. »

Oh ! femmes ! femmes ! que vous êtes admirables quand vous êtes abandonnées à l'impulsion
presque divine de votre noble nature !

CHAPITRE XVII

La mort d'un ange

Je ne saurais m'étendre minutieusement sur les événements de la semaine qui suivit. Grace s'affaiblissait de plus en plus ; les secours de la médecine, dont elle était entourée, plutôt par devoir que dans l'espoir de leur efficacité, étaient impuissants. M. Hardinge visitait souvent la malade ; et je passais avec elle des heures entières, sa tête penchée sur mon épaule, position qu'elle affectionnait, au moment de la grande séparation dont j'étais menacé.

M. Hardinge officia dans son église le dimanche suivant. Lucie resta auprès de son amie, et s'unit d'intention avec nous ; pour moi, je rassemblai mes forces pour me rendre à Saint-Michel. Des larmes coulèrent de tous les yeux, quand les prières pour les morts furent récitées.

M. Hardinge resta au presbytère pour remplir les différents devoirs de son saint ministère. Quant à moi, je remontai à cheval aussitôt après la cérémonie, trop inquiet pour prolonger mon

absence plus qu'il n'était rigoureusement nécessaire dans un pareil moment. Je rejoignis sur la
route Neb, qui retournait à Clawbonny d'un air
si différent de celui qui lui était habituel, que je
ne pus m'empêcher de le remarquer.

Neb était un nègre vigoureux et bien découplé,
qui marchait toujours d'un pas rapide, et je lui
voyais traîner le pied, comme s'il avait eu de la
peine à avancer. Ce changement devait provenir
du mécompte qu'il avait éprouvé au sujet de
Chloé ; et je voulus dire un mot d'encouragement
au pauvre diable, qui avait été complètement
oublié au milieu des angoisses auxquelles j'étais
livré depuis huit jours.

— Eh bien ! Neb, lui dis-je en mettant mon
cheval au pas, on peut dire que M. Marbre a fini
par avoir le vent en poupe au bout de son
voyage. La meilleure des vieilles pour mère, la
plus jolie des filles pour nièce, le port le plus
commode pour ancrage ; en voilà plus que le
loup de mer le plus difficile n'en pouvait désirer.

— Oui, maître, répondit Neb, du ton d'un
homme qui pense à toute autre chose qu'à ce
qu'on lui dit, un fameux loup de mer, M. Marbre !

— Et à ce titre, il n'en mérite que mieux tous
les biens qui lui arrivent à la fois.

— Possible, maître ; mais néanmoins moi désirer vous et moi n'avoir jamais vu l'eau salée.

— Il aurait donc fallu fermer les yeux, mon garçon ; car des hauteurs de Clawbonny on aperçoit l'Hudson, et ce n'est pas loin d'ici que l'eau de la rivière devient salée. Vous pensez à Chloé, et vous vous dites que si vous étiez resté tranquillement ici, vous auriez eu plus de chances de vous insinuer dans ses bonnes grâces.

— Non, maître, personne à Clawbonny penser aujourd'hui à autre chose qu'à la mort.

— Je crains de vous comprendre, Neb. C'est une grande consolation pour moi de penser que vous êtes tous restés si attachés aux enfants de vos anciens maîtres.

— Nos cœurs bien durs, maître, s'il en était autrement. Ah ! vous et moi, maître, avoir vu bien des choses terribles ensemble, mais jamais chose si terrible que dans ce moment !

Les joues de Neb ruisselaient de pleurs pendant qu'il parlait, et je piquai des deux pour ne pas laisser voir mon émotion, sur la route, en présence de ceux qui commençaient à nous rejoindre. Pourquoi Neb exprimait-il tant de regret d'avoir jamais été sur mer ! Je ne pouvais me l'expliquer qu'en supposant qu'il s'imaginait que, si je n'avais pas été absent, Grace ne serait pas tombée malade.

En approchant de la maison, je ne rencontrai personne. Les hommes étaient tous allés à l'église, et on les apercevait de loin, dispersés le long de la route, sans se livrer à aucun de ces transports involontaires qui échappent si souvent aux nègres insouciants. Mais c'était l'heure où quelques-unes des négresses étaient dans l'habitude d'étaler leurs charmes au soleil et leurs belles toilettes d'été à leurs admirateurs, et aucune ne paraissait : le devant de la maison, la pelouse, les cours, tout était vide. C'était d'un sinistre augure ; et, attachant la bride de mon cheval à un poteau, je courus vers la partie des bâtiments qu'habitait Grace.

En entrant dans le corridor qui conduisait à l'appartement de ma sœur, j'eus l'explication de cette solitude qui m'avait effrayé. Six à sept négresses étaient agenouillées près de la porte, et je pouvais entendre la voix de Lucie lisant d'un ton lent et solennel quelques-unes des prières et des oraisons qu'on récite près des mourants. Jamais cette voix, naturellement si mélodieuse, ne m'avait paru si douce et si touchante.

A peine la voix de Lucie avait-elle cessé de se faire entendre, que je passai au milieu des négresses encore agenouillées, et j'entrai dans la chambre de ma sœur. Grace était appuyée sur une chaise longue, les yeux fermés, les mains jointes, mais à genoux, et absorbée dans une pieuse méditation. Elle ne m'entendit pas, et je restai un instant debout auprès d'elle, ne sachant si je devais l'avertir de ma présence. Dans ce moment, je surpris le regard de Lucie, qui semblait vouloir me parler. L'appartement de Grace se composait de trois ou quatre petites pièces qui communiquaient entre elles. Lucie passa dans celle qui lui servait en quelque sorte de boudoir, quoique ce nom fût encore inconnu aux Etats-Unis ; et, sur un signe qu'elle m'avait fait, je m'empressai de la suivre.

— Mon père est-il ici ? demanda Lucie ; et cette question me surprit, car elle devait savoir qu'il comptait rester au presbytère, pour se tenir prêt à réciter l'office du soir.

— Non ; vous savez qu'il doit retourner à l'église.

— Je l'ai envoyé chercher, Miles.

Et elle ajouta en me serrant la main avec la tendresse d'une mère pour un enfant chéri :

— Mon bon Miles, c'est le moment de rassembler tout votre courage !

— Ma sœur est-elle plus mal ? demandai-je d'une voix étouffée ; car, tout préparé que j'étais à un dénouement fatal, je ne pouvais croire qu'il fût encore si prochain.

— Miles, je ne veux rien vous cacher. Il n'y a pas une heure que Grace m'a dit que le moment approchait. Elle se sent mourir par degrés, et son courage et sa résignation sont admirables. Elle n'a pas voulu que je vous fisse prévenir, disant que vous arriveriez toujours à temps. Mais j'ai envoyé chercher mon père, et il ne peut tarder à arriver.

— Bon Dieu ! est-ce que vous pensez vraiment, Lucie, que le danger soit imminent ?

— Puisque c'est la volonté de Dieu de nous la reprendre, Miles, je ne puis qu'admirer que sa fin soit si douce, et, à tous égards, si paisible.

Tant que la mémoire ne m'aura pas complètement abandonné, j'aurai toujours devant les yeux l'image de Lucie, telle qu'elle m'apparut dans ce moment. Elle aimait Grace comme une tendre sœur, avec tout le dévouement dont un cœur de femme est capable ; et cependant, au moment où elle regardait comme son devoir de me faire une communication si douloureuse, c'était pour moi seul qu'elle semblait inquiète et tourmentée.

— Que la volonté de Dieu soit faite ! dis-je à voix basse ; le ciel est une place plus convenable pour une âme pareille que les demeures des hommes.

Lucie me serra la main, et parut soulagée par ce semblant de courage. Elle m'engagea à rester où j'étais jusqu'à ce qu'elle eût appris à Grace

que j'étais revenu de l'église. Je pus voir à travers
la porte entr'ouverte que les négresses s'étaient
retirées, et j'entendis bientôt le pas de M. Hardinge qui entrait dans la pièce attenante à celle
où j'étais. J'allai au devant de mon excellent
tuteur.

— Dieu ait pitié de nous, mon cher enfant !
dit le ministre d'un ton d'affliction autant que de
prière ; oui, de nous, car Grace m'a toujours été
aussi chère que ma propre fille. Je voudrais avoir
tout ce qu'il faut pour écrire, Miles ; et je vous
prie de donner des ordres pour qu'un de vos
gens soit prêt à partir dans une demi-heure pour
porter ma lettre.

— Si c'est pour consulter de nouveaux médecins, je crains bien, mon cher monsieur, que
ce ne soit une démarche inutile. Tous ceux que
nous avons vus ont été d'accord qu'il n'y avait
rien de plus à faire que ce qui a été prescrit.
Néanmoins, je serai plus tranquille si l'on peut
décider le docteur Bard à traverser le fleuve, et
j'avais déjà songé à lui dépêcher Neb une seconde
fois.

— Soit, répondit M. Hardinge en se mettant
à écrire tout en parlant... soit, et en même temps
Neb pourra mettre cette lettre à la poste sur
l'autre rive ; de cette manière elle parviendra
plus vite à Rupert.

— A Rupert? m'écriai-je avec une expression que je regrettai sur-le-champ.

— Sans doute; nous ne pouvons nous dispenser de l'avertir. Il a toujours été comme un frère pour Grace, et le pauvre garçon nous en voudrait si nous négligions de le prévenir dans une occasion semblable. Vous paraissez surpris de ma détermination; et pourquoi donc, Miles?

— Rupert est aux Sources, monsieur, heureux dans la société de miss Merton; ne vaudrait-il pas mieux lui laisser ignorer...?

— Que penseriez-vous, Miles, si Lucie était sur son lit de mort, et que je négligeasse de vous en informer?

— Ah! monsieur!

Et je jetai sur le bon vieillard des yeux si hagards, que, malgré toute sa simplicité, il ne put s'empêcher de voir quelle immense différence je faisais entre la supposition et la réalité.

— Il est vrai, mon pauvre Miles, ajouta M. Hardinge, comme pour s'excuser; j'avais tort, mais que voulez-vous? Je commençais à espérer que, comme autrefois, vous ne regardiez plus Lucie qu'avec des yeux de frère. Mais ce n'est pas une raison pour oublier Rupert; et voici ma lettre déjà faite.

— Il sera trop tard, monsieur, dis-je d'une voix rauque; ma pauvre sœur ne passera pas la journée.

Je m'aperçus que M. Hardinge n'était pas préparé à cette annonce. Il pâlit, et sa main tremblait pendant qu'il cachetait la lettre. Néanmoins je découvris plus tard qu'il l'avait envoyée.

— Si Dieu en a décidé ainsi dans sa sagesse, murmura l'excellent ministre, nous ne pouvons que nous soumettre. Mais Rupert peut du moins arriver à temps pour rendre les derniers devoirs à la sainte pour qui le ciel se sera ouvert.

Il n'y avait pas moyen de résister à tant de simplicité et de bonté de cœur ; au surplus, nous fûmes appelés dans cet instant auprès de Grace. Elle avait les yeux ouverts. Un frisson me saisit en voyant leur expression surnaturelle. Rien n'indiquait l'approche de la mort sous son aspect hideux ; mais c'était déjà cette scène de rayonnement d'une âme qui se sent au moment de passer à un nouvel état d'existence.

Sur un signe qu'elle me fit, je m'agenouillai auprès d'elle et je soutins sa tête sur ma poitrine, autant que possible dans l'attitude où nous avions passé tant d'heures ensemble pendant sa maladie. M. Hardinge, debout derrière nous, prononçait à voix basse, mais distinctement, quelques-uns des passages les plus sublimes de l'Écriture ; de ceux qui renferment les consolations les plus touchantes pour l'âme qui prend son essor vers le ciel. Quant à Lucie, elle était toujours là où sa présence était le plus nécessaire, et les yeux de Grace étaient souvent tournés vers elle avec une expression ineffable de tendresse et d'amour.

— L'heure approche, mon frère, dit tout bas Grace, la tête toujours appuyée sur mon sein. N'oubliez pas qu'en mourant je demande pardon autant pour ceux qui peuvent m'avoir offensée que pour moi-même. Songez que vous me l'avez promis ; ne faites rien qui puisse affliger Lucie et son père.

— Je vous comprends, ma bonne sœur, lui dis-je du même ton. Vous avez ma parole ; soyez sûre que je la tiendrai.

Un léger serrement de main me prouva la satisfaction que cette assurance lui causait. A dater de ce moment, il me sembla que Grace était de moins en moins attachée aux choses de ce monde. Seulement son affection pour tout ce qu'elle aimait se montra jusqu'au dernier moment.

— Laissez entrer tous les esclaves qui pourraient désirer me voir, dit-elle en se soulevant pour accomplir ce qu'elle regardait comme un dernier devoir. Je ne puis jamais reconnaître tout ce qu'ils ont fait pour moi ; mais je compte sur vous, Miles, pour acquitter ma dette.

Lucie sortit sans bruit, et, l'instant d'après, le petit cortège s'approcha lentement. La douleur de ces êtres essentiellement primitifs et incapables de se modérer est ordinairement bruyante et désordonnée, comme leur joie ; mais Lucie, la douce mais énergique Lucie, leur avait fait des recommandations si sévères qu'ils parvinrent à se contenir.

Grace parla à toutes les négresses, prenant congé de chacune d'elles avec bonté, en même temps qu'elle leur donnait de salutaires conseils. Tous les vieillards furent aussi l'objet d'une attention particulière.

— Allez, mes amis, et réjouissez-vous de ce que je vais être sitôt délivrée des soucis de ce monde, dit-elle dès que la triste cérémonie fut terminée. Priez pour moi et pour vous-mêmes. Mon frère connaît mes intentions à votre égard ; il veillera à ce qu'elles soient exécutées. Dieu soit toujours avec vous, mes amis !

Tel était l'ascendant que Lucie avait pris sur ces bonnes et simples créatures depuis le peu de temps qu'elles étaient placées sous sa douce, mais sage direction, qu'elles se retirèrent toutes dans le même silence qu'elles avaient observé en entrant, mais ce n'était que par les efforts les plus énergiques qu'elles avaient pu contenir les éclats ordinaires de leur désespoir, et plus d'une joue était sillonnée de larmes.

Je m'étais retiré dans l'embrasure d'une fenêtre pour cacher mon émotion, quand un bruit qui se fit dans les broussailles au-dessous de moi frappa mon oreille. Je regardai : Neb était étendu de tout son long, mordant littéralement la terre dans l'agonie de sa douleur, et parvenant à étouffer ainsi ses gémissements de peur qu'ils n'arrivassent jusqu'à sa jeune maîtresse et qu'ils ne troublassent son repos. Je sus ensuite qu'il restait là pour être à portée de recevoir des nouvelles que Chloé lui transmettait de moment en moment. Lucie me rappela bientôt, Grace ayant exprimé le désir de m'avoir auprès d'elle.

— Notre séparation ne sera que d'un instant, et nous nous retrouverons de nouveau tous ensemble, dit-elle d'une voix si claire et si distincte qu'elle nous fit tressaillir. La mort en s'approchant nous place sur une hauteur d'où nous pouvons voir le monde et toutes ses vanités d'un seul coup d'œil.

Je pressai la pauvre enfant contre mon cœur, comme pour témoigner malgré moi, combien il m'était difficile de regarder sa perte avec cette philosophie religieuse qu'elle cherchait à m'inculquer.

M. Hardinge se mit alors à genoux, et le quart d'heure qui suivit se passa en prières. Quand il se releva, Grace, les yeux empreints d'une sérénité toute divine, lui donna la main, et, d'une voix distincte, elle le remercia des soins qu'il

avait prodigués à de pauvres orphelins et appela
sur lui les bénédictions du ciel. Cette scène inattendue et si touchante d'une jeune fille bénissant
un vieillard enleva au bon ministre tout son
courage; il tomba sur une chaise et sanglota
amèrement.

— On peut croire que je suis bien jeune pour
mourir, reprit Grace, mais je suis déjà fatiguée
du monde, et je remercie Dieu de me rappeler
dès à présent. Lucie, ma bien-aimée, ouvrez les
rideaux de la fenêtre en face, que je puisse voir
encore une fois ce cher Clawbonny; ce sera mon
dernier regard sur le monde extérieur.

Le lit de Grace avait été placé exprès de manière à ce que, sans se déranger, elle pût découvrir toute la ferme, et ç'avait été pour elle une
douce distraction, pendant ses longues heures de
retraite, de pouvoir contempler des scènes si fa-
milières et si chéries. Je vis ses lèvres remuer,
pendant qu'elle y jetait un dernier regard, et je
suis convaincu que quelque sentiment particulier, se rattachant au passé, s'éveilla dans son
âme à ce moment solennel.

Je suivis la direction de ses yeux, et je m'a-
perçus qu'ils étaient fixés sur le petit bois où Rupert et moi nous avions rencontré les deux amies
à notre retour de la mer: but ordinaire de nos
promenades, lieu favori qui, sans doute, avait

été témoin de plus d'une tendre confidence entre Grace et son amant parjure.

Je sentis qu'elle tremblait, pendant qu'elle s'appuyait sur mon bras, et, ayant penché la tête vers elle, je pus distinguer quelques paroles qui me montrèrent clairement qu'elle priait pour Rupert. Dès qu'elle eut achevé, elle demanda d'elle-même qu'on fermât le rideau pour chasser à jamais toute pensée du dehors.

Quelle heure que celle qui suivit! M. Hardinge et Lucie en passèrent une grande partie à genoux, priant tout bas, pour ne pas troubler la malade. A peine faisait-elle le plus léger mouvement; ses mains étaient jointes, et ses yeux se portaient de temps en temps vers le ciel. Enfin elle parut se ranimer un peu et observer des objets extérieurs.

— Lucie, dit-elle, qu'est devenu Rupert? Sait-il que je suis mourante? Pourquoi n'est-il pas venu me voir pour la dernière fois?

Il est inutile de dire quelle impression cette brusque demande fît sur Lucie et sur moi. Lucie cacha sa figure dans ses mains sans répondre; mais le bon M. Hardinge, qui ne savait rien de nos tristes secrets, se hâta de disculper son fils.

— Rupert a été prévenu par moi, ma chère enfant, dit-il, et, quoiqu'il soit tout entier à son amour et à miss Merton, il ne manquera pas d'accourir dès qu'il aura reçu ma lettre.

— Miss Merton ! répéta Grace en passant la main sur son front ; qui est-elle ? Je ne me rappelle personne de ce nom.

Nous comprîmes alors à quel point l'intelligence de la pauvre malade était affaiblie, et nous nous gardâmes bien de chercher à donner une direction plus vraie à ses pensées ; nous ne pouvions qu'écouter et pleurer. L'instant d'après, elle passa son bras autour du cou de Lucie, et l'attira vers elle avec une grâce enfantine :

— Lucie, ma chère, reprit-elle, il faut que nous détournions ces fous de garçons de cette idée d'aller en mer. Si le père de Miles et l'arrière-grand-père de Rupert ont été marins, ce n'est pas une raison pour qu'ils le soient aussi.

Elle s'arrêta, parut réfléchir, et se tourna vers moi ; elle me considéra longtemps avec un tendre intérêt, comme le jour où nous avions eu notre première conférence dans la salle de famille. Elle eut encore assez de force pour soulever sa main amaigrie, la passant sur mon front, et jouant avec mes cheveux comme au temps de notre enfance.

— Miles, murmura la chère ange, car sa voix commençait à lui manquer, vous rappelez-vous ce que notre mère nous disait, de toujours dire la vérité? Vous êtes un honnête garçon, cher frère, et ce n'est pas vous qui diriez jamais autre chose que ce que vous pensez. Je voudrais que Rupert eût autant de franchise.

Ce fut la première, la seule parole de Grace qui indiquât jamais qu'elle eût reconnu quelque défaut à Rupert. Plut à Dieu qu'elle eût été éclairée plus tôt! mais c'est souhaiter à l'enfant le discernement et l'intelligence de la femme. La main de ma sœur était toujours sur mon front, et je ne l'aurais point déplacée, dans ce moment d'angoisses, pour acquérir la certitude d'être aimé de Lucie.

— Voyez, reprit ma sœur, comme son teint est bruni, quoique son front soit blanc ; je doute que ma mère le reconnût, Lucie? Est-ce que Rupert est devenu aussi brun?

— Rupert n'a pas vóyagé autant que Miles, répondit Lucie d'une voix saccadée, tandis que le bras de Grace l'entourait toujours.

Cette voix si connue parut éveiller une nouvelle série d'idées.

— Lucie, demanda ma sœur, aimez-vous toujour Miles, comme lorsque nous étions enfant?

— J'ai toujours eu, je conserverai toujours une profonde affection pour Miles Wallingford, répondit Lucie avec assurance.

Grace se tourna alors vers moi; le bras qui

était resté suspendu au cou de Lucie retomba de lassitude, et, depuis lors, ses yeux restèrent attachés sur les miens. Mes sanglots éclataient malgré moi. Tout à coup, nous entendîmes sa voix prier avec une ferveur qui la rendait distincte ; les paroles qu'elle prononça respiraient l'attachement sans bornes qu'elle n'avait cessé de me porter depuis mon enfance :

— Père tout-puissant, disait-elle, jette un regard de bonté sur ce frère chéri ; ne l'abandonne pas aux jours des épreuves, et, quand tu le jugeras convenable, appelle-le, par les mérites du Sauveur, dans la demeure de la félicité éternelle !

Ce furent les dernières paroles que Grace Wallingford prononça jamais. Sa vie se prolongea encore pendant dix minutes, et elle mourut sur mon sein comme l'enfant qui rend le dernier soupir dans les bras de sa mère.

Je ne revis jamais plus les traits de ma sœur. Il y a des personnes pour qui c'est une espèce de besoin d'aller contempler des morts ; pour moi, j'ai toujours éprouvé un sentiment contraire.

Tout enfant, j'avais été conduit dans la salle de famille pour y voir successivement mon père et ma mère, exposés sur un lit de parade. J'étais alors un être purement passif, et il fallait suivre l'impulsion qui m'était donnée ; à présent que j'étais en âge de juger par moi-même, dès qu'il me fut possible de penser à quelque chose, je me dis que le dernier regard d'affection jeté sur moi par ma sœur, ce regard où respirait jusqu'au dernier moment toute la pureté de son cœur, serait l'impression durable que je conserverais et sur laquelle je voulais rester.

Toujours, depuis lors, il me semble que je le vois se fixer sur moi, et je me suis félicité bien des fois de n'avoir pas permis que de tristes images de décomposition et de mort vinssent altérer en rien ce précieux souvenir.

A peine avais-je imprimé un long et dernier baiser sur le front d'ivoire, mais encore tiède, de ma pauvre sœur, que je quittai sa maison. Je n'avais pas à craindre de regards importuns qui me forçassent à me renfermer dans mon cabinet, et il me semblait qu'il me serait impossible de respirer ailleurs qu'en plein air. En traversant la petite pelouse, j'entendis les gémissements convulsifs qui partaient de la cuisine. Maintenant que la malade ne pouvait plus être troublée par leurs lamentations, les fidèles esclaves ne se contenaient plus, et j'étais déjà loin que j'entendais encore retentir leurs sanglots.

Je suivis le chemin qui était devant moi, sans autre but que de faire diversion aux sentiments douloureux qui m'oppressaient, et j'entrai dans le petit bois, qui était le dernier objet du monde extérieur qui eût attiré l'attention de ma sœur. Là tout me rappelait le passé; les jours de mon enfance et de ma jeunesse; la douce intimité dans laquelle les quatre enfants de Clawbonny avaient vécu ensemble, courant dans ces bosquets avec toute la folle insouciance de leur âge. Je restai assis une grande heure dans le bois, et je n'y vécus que dans le passé! Je voyais empreinte dans chaque feuille l'image angélique de Grace, j'entendais ce rire peu bruyant, mais si gai, qui lui était habituel dans ses jours de bonheur; le son de sa douce voix retentissait à mon oreille presque comme si elle eût été auprès de moi.

Quand je quittai ce petit bois, ce fut pour chercher des allées plus touffues, ou des plaines plus éloignées de la maison. Il faisait nuit quand je songeai à revenir. Partout Grace m'apparaissait. Tantôt c'était l'enfant au berceau qu'on me permettait de conduire dans un petit chariot; c'était le plus éloigné de tous ceux de mes souvenirs qui se rapportaient à cette sœur chérie; un peu plus grande, elle courait après moi pendant que je lançais mon cerceau dans l'espace; tantôt c'étaient de petites leçons que je lui faisais réciter; tantôt enfin c'était la jeune personne que je voyais dans tout l'éclat de sa beauté, si aimante et si digne d'être aimée.

Un moment, j'eus l'intention de passer la nuit

dans les champs ; à mesure que chaque étoile se montrait sur le firmament, je me disais que c'était peut-être là qu'habitait l'esprit de celle qui n'était plus. Mais tout absorbé que je fusse par l'image de Grace, je ne pouvais oublier Lucie ni le bon M. Hardinge. Ils devaient être inquiets de mon absence prolongée, et je sentis qu'il était de mon devoir de retourner près d'eux.

Je pris le chemin de la maison. Il faisait tout à fait nuit quand je traversai la pelouse. Je vis passer comme une ombre sous les arcades du portique, et j'allais me détourner pour entrer par une porte de côté, afin d'éviter la rencontre, quand Lucie s'avança vivement à l'entrée du perron pour me recevoir.

— Oh ! Miles ! cher Miles ! que je suis aise de vous revoir ! s'écria l'aimable fille en prenant ma main avec l'empressement et l'abandon d'une sœur. Nous commencions à être sérieusement inquiets. Mon père est parti pour le presbytère, pensant que vous vous y étiez peut-être retiré.

— J'ai été constamment avec vous, avec Grace, avec votre père, ma bonne Lucie, depuis que nous sommes séparés. Je suis plus maître de moi à présent, et vous n'avez à concevoir aucune inquiétude sur mon compte. Je vous remercie du fond du cœur de l'intérêt que vous me témoignez, et je suis fâché de vous avoir alarmée sans le vouloir.

La manière dont Lucie fondit alors en larmes trahissait l'intensité des sentiments qui l'avaient agitée et le soulagement qu'elle trouvait dans mes paroles. Elle ne se fit même pas scrupule de s'appuyer sur mon épaule, tant que dura cet accès de sensibilité. Dès qu'il fut passé, elle s'essuya les yeux, prit de nouveau ma main avec une tendre confiance, et me jeta un douloureux regard en me disant de sa voix la plus douce :

— Nous avons fait une grande perte, Miles, une perte irréparable. Ni vous ni moi, nous ne trouverons jamais personne pour remplir la place que Grace occupait dans notre cœur.

— Vous avez raison, Lucie ; Clawbonny ne sera jamais plus pour nous le Clawbonny d'autrefois.

— Et pourtant, Miles, Grace est si heureuse à présent que nous ne saurions désirer de la voir reparaître au milieu de nous. Dans peu de temps elle sera pour vous et pour moi une chère et précieuse image de bonté, de vertus et d'affection ; et nous éprouverons un plaisir mélancolique, mais réel, à nous rappeler combien elle nous a aimés, et dans quelle intimité étroite nous avons vécu ensemble.

— C'est un lien du moins qui restera entre nous, Lucie, et qui résistera, je l'espère, à tous les changements et au froid égoïsme du monde.

— Je l'espère aussi, Miles, répondit Lucie à voix basse; nous qui nous connaissons depuis l'enfance, pouvons-nous cesser de nous estimer et de rester attachés l'un à l'autre?

Lucie parut alors penser qu'elle pouvait m'abandonner à moi-même, et elle rentra dans la maison.

Grace était morte un dimanche, vers l'heure du dîner. M. Hardinge décida que la cérémonie funèbre n'aurait lieu que le jeudi suivant. Je passai presque tout cet intervalle dans mon cabinet à lire et à m'abandonner à mes réflexions. Lucie m'avait écrit deux ou trois petits billets pour me consulter sur différents points. Le dernier était pour m'apprendre qu'un membre de notre famille, venu pour la cérémonie funèbre, demandait à me voir.

Quelques instants après, un homme d'environ cinquante ans, aux épaules carrées, aux traits un peu rudes, quoique, à tout prendre, d'assez bonne mine, entra dans le cabinet, vint droit à moi les larmes aux yeux, me serra vivement la main, puis s'assit sans cérémonie. Ses vêtements annonçaient un campagnard dans l'aisance, quoique son ton, son accent, ses manières, indi

quassent une personne d'une classe un peu supe-
rieure à celle des gens au milieu desquels il
vivait. Il me fallut le regarder deux fois avant
de reconnaître Jacques Wallingford, le cousin de
mon père, qui faisait valoir ses terres dans l'ouest.

— Je vois à votre air, cousin Miles, que vous
ne me remettez qu'à moitié, me dit-il ; je regrette
profondément que ce soit dans une occasion aussi
triste que nous renouvelions connaissance.

— Il reste si peu de membres de notre famille,
monsieur Wallingford, que cette preuve d'intérêt
nous est doublement précieuse.

— Merci, cousin. Tout ce qui porte le nom de
Wallingford me sera toujours cher, et j'aime
Clawbonny comme si c'était mon chez moi.

— Ma pauvre sœur avait pour vous une estime
toute particulière ; et la dernière fois que je
m'embarquai, elle voulait que je vous laissasse
ce bien dans mon testament, parce que vous êtes
le plus proche héritier direct des Wallingfords.
Elle trouvait même vos droits supérieurs aux
siens.

— Voilà qui est conforme à tout ce que j'ai
entendu dire de cet ange, répondit Jacques
Wallingford en essuyant une larme, ce qui me
donna une opinion favorable de son cœur. Vous
avez refusé, j'espère, et c'est elle que vous avez
institué votre héritière, comme de raison ?

— Oui, mais elle me menaçait de vous transférer la propriété dès qu'elle lui appartiendrait.

— Menace qu'il lui aurait été difficile d'exécuter, attendu que j'aurais très certainement refusé net. Sans doute nous sommes à moitié sauvages, à l'Ouest du Pont (1) ; cependant nos produits commencent à se montrer dans les marchés, et nous comptons déjà quelques riches parmi nous.

Ces paroles furent dites avec un certain air de satisfaction que mon cousin était un peu trop porté à prendre, toutes les fois qu'il était question de fortune. J'eus, ce jour-là même, occasion de remarquer plusieurs fois qu'il attachait un grand prix à l'argent ; quoiqu'en même temps sa manière de voir fût en général juste et conforme à l'honneur. Il gagna tout à fait mes bonnes grâces par le respect qu'il professait pour Clawbonny et pour tout ce qui en dépendait.

---

1. Dans la partie occidentale de l'État de New-York, il y a plusieurs petits lacs qui coulent presque parallèlement l'un à l'autre, dans une longueur qui varie de 15 à 40 milles. Un de ces lacs (le Cayuga) traverse la grande route qui conduit à Buffalo, et un pont d'un mille de longueur y a été construit. De là vient le dicton : « à l'Ouest du Pont », pour indiquer les provinces limitrophes.

Cette vénération était si profonde, que je commençai à croire que je ferais bien de lui laisser Clawbonny, si je venais à mourir sans enfants, ce qui n'était que trop probable, puisque Lucie ne pouvait pas être ma femme, et qu'il me semblait que je n'en aurais jamais d'autre.

L'enterrement n'eut lieu que le lendemain de l'arrivée de Jacques Wallingford. Je passai avec lui la plus grande partie de la soirée, et il me plut tellement que je le priai de marcher le lendemain auprès de moi dans le triste cortège. Je sus plus tard que cet arrangement avait profondément blessé quelques membres de la famille, qui étaient parents plus proches d'un degré, quoiqu'ils ne portassent pas le même nom.

Je me levai assez tard le lendemain, et le cœur bien oppressé. C'était une des plus belles journées de la saison. Le cortège devait se former à dix heures, et je voyais déjà les nègres qui se rangeaient sur la pelouse, habillés de leur mieux, et la tristesse peinte sur la figure. Plusieurs voisins commençaient aussi à arriver, et je m'habillai en toute hâte pour ne pas me faire attendre.

Je passe les détails du cortège funèbre. Il eut lieu dans l'ordre usité dans les campagnes, les amis suivant le corps dans des voitures ou à cheval, suivant les circonstances. Jacques Wallingford prit place à côté de moi, comme je l'en avais prié, et les autres personnes nous suivirent par rang d'âge ou de parenté.

Ce fut un moment terrible quand la première pelletée de terre tomba sur le cercueil. Dieu me donna la force de supporter cette angoisse ! Je ne poussai pas un gémissement. Quand M. Hardinge offrit les remerciements d'usage à ceux qui étaient venus m'aider à ensevelir la défunte, j'eus même le courage de saluer les assistants et de m'éloigner d'un pas assez ferme. Il est vrai que Jacques Wallingford me prit très affectueusement le bras pour me soutenir; mais il ne me semblait pas que j'eusse besoin de support.

J'entendis les sanglots des nègres, pendant qu'ils se pressaient autour de la fosse, qu'ils voulaient remplir eux-mêmes, et je sus qu'aucun d'eux ne s'était retiré avant que la place eût repris l'aspect frais et verdoyant qu'elle avait avant que la bêche y eût été enfoncée. Les mêmes roses, qui avaient été déplantées avec précaution, furent remises là où elles avaient fleuri; et un étranger eût eu de la peine à découvrir l'endroit où une nouvelle fosse avait été creusée auprès de celles du capitaine Miles Wallingford et de sa respectable veuve.

Mais les habitants des environs ne s'y trompèrent pas, et pendant quinze grands jours bien

des pèlerinages y furent entrepris, les jeunes
filles des fermes voisines en particulier venant
visiter la tombe de Grace Wallingford, le « lis
de Clawbonny, » ainsi qu'on la surnommait
quelquefois (1).

FIN DE A BORD ET A TERRE

---

(1) On trouvera la suite des aventures des personnages
de cette histoire dans le volume qui porte pour titre :
UN COUSIN D'AMÉRIQUE, même collection.

TABLE DES MATIÈRES

TOME PREMIER

TOME SECOND

Imp. du *Petit Troyen* G. ARBOUIN, 126, rue Thiers, TROYES

CATALOGUE DE LA COLLECTION A.-L. GUYOT

SÉRIE U
Sciences occultes

L. DE RÉMORA

Doctrines du Spiritisme . . . 1 v.
Phénomènes du Spiritisme . . . 1 v.

M. DECRESPE

La Main et ses mystères . . . 2 v.
Manuel de Graphologie appliq. 2 v.
Magnétisme, Hypnotisme et
  Somnambulisme . . . 1 v.
Le Grand et le Petit Albert . . 1 v.

L. CLÉMENT

La Lecture de Pensées . . . 1 v.

SÉRIE V
Curiosités littéraires

DIDEROT

La Religieuse, (*Edition absolument complète*) . . . 2 v.
Les Bijoux indiscrets . . . 2 v.

SÉRIE X — Théâtre

MOLIÈRE (Œuvres complètes)

Tome I   La jalousie du Barbouillé,
  Le Médecin volant et
  L'Etourdi . . . 1 v.
Tome II   Le Dépit amoureux. Les
  Précieuses ridicules.
  Le Cocu imaginaire 1 v.
Tome III Don Garcie. L'Ecole des
  Maris . . . 1 v.
Tome IV   Les Fâcheux. L'Ecole
  des Femmes . . . 1 v.
Tome V   La critique de l'Ecole
  des Femmes. L'Im-
  promptu de Versail-
  les. Le Mariage forcé 1 v.

SÉRIE X (suite)

Tome VI   La Princesse d'Elide,
  Don Juan . . . 1
Tome VII L'Amour médecin. Le
  Misanthrope . . . 1
Tome VIII Le Médecin malgré lui.
  Le Sicilien . . . 1
Tome II   Le Tartufe . . . 1
Tome I   Amphitryon. George
  Dandin . . . 1
Tome II   L'Avare . . . 1
Tome XII Monsieur de Pourceau-
  gnac. Les Amants
  magnifiques . . . 1
Tome XIII Le Bourgeois gentilhomme 1
Tome LV   Psyché. Les Fourberies
  de Scapin . . . 1
Tome IV   La comtesse d'Escarba-
  gnas.   Les Femmes
  Savantes . . . 1
Tome IV   Le Malade imaginaire.
  Poésies . . . 1

SÉRIE Y — Poésies

LE GÉNÉRAL LAZARE CARNOT

Don Quichotte. poème héroï comique
et Poésies . . . 1

SÉRIE Z
Études Sociales

SAINT JUST

Œuvres politiques complètes:
Discours, Rapports . . .

9 782019 144494